新时代新理念职业教育教材 · 铁道运输类
“互联网+”融媒体立体化教学资源新形态教材
“模块化+活页式+思政”校企合作特色教材

CR200J 型动车组牵引传动系统与控制

主　编　张宗芳　史　骏
副主编　张丽媛　师玲萍　孙海莉　郝　磊　张曹辉
参编者　李　骞　陈严钊　张　永
主　审　张刚毅　郭　峰

北京交通大学出版社
· 北京 ·

内 容 简 介

本书是一本专注于动车组牵引传动与控制领域的专业教材，核心内容涵盖：系统认知，即动车组牵引系统基础知识；整车检修体系，即动力集中型动车组整体的检修框架和规范；关键部件检修，即受电弓、牵引变压器、牵引变流器、牵引电机、网侧高压设备等核心部件的维护和检修技术。

本书以实践项目为载体，采用任务工单驱动的教学模式，聚焦检修流程，强调精检细修的立业根基，将动力集中型动车组牵引传动与控制领域的基础知识和技术有机融入实践教学全过程。同时，本书深刻融入课程思政建设目标，以安全使命为职业生命线，以科技报国为精神内核，以民族自信为价值魂魄，旨在培养学生“擅检修、严操守、能创新、强担当”的综合素质。

图书在版编目（CIP）数据

CR200J 型动车组牵引传动系统与控制 / 张宗芳，史骏主编. -- 北京 : 北京交通大学出版社，2025. 9. -- ISBN 978-7-5121-5629-6

Ⅰ. U266

中国国家版本馆 CIP 数据核字第 2025GY9482 号

CR200J 型动车组牵引传动系统与控制

CR200J XING DONGCHEZU QIANYIN CHUANDONG XITONG YU KONGZHI

策划编辑：张　亮　　责任编辑：陈可亮

出版发行：北京交通大学出版社　　电话：010-51686414　　http://www.bjtup.com.cn

地　　址：北京市海淀区高梁桥斜街 44 号　　邮编：100044

印 刷 者：艺堂印刷（天津）有限公司

经　　销：全国新华书店

开　　本：185 mm×260 mm　　印张：12.5　　字数：281 千字

版 印 次：2025 年 9 月第 1 版　　2025 年 9 月第 1 次印刷

印　　数：1—1 500 册　　定价：49.00 元

本书如有质量问题，请向北京交通大学出版社质监组反映。对您的意见和批评，我们表示欢迎和感谢。

投诉电话：010-51686043，51686008；传真：010-62225406；E-mail：press@bjtu.edu.cn。

前　　言

在中国铁路现代化进程中，CR200J 型动车组扮演着至关重要的角色。作为“复兴号”家族中专门服务于时速 200 km 等级的动力集中型动车组成员，它精准定位于对既有普速铁路干线进行升级提速的战略需求。与动力分散型动车组不同，CR200J 采用了动力集中型设计，即主要的动力装置牵引电机、变流器等集中布置于列车两端的动力车（俗称“火车头”）上，而中间车厢则为无动力的拖车。这种经典布局有效简化了车辆结构，降低了全寿命周期内的维护复杂度和成本，尤其适合在非高速专线的普速铁路上运行。

为了在提升速度的同时，兼顾效率和经济性，CR200J 型动车组在技术层面进行了多项精心的优化。轻量化设计是其核心亮点之一，通过选用先进材料，如高强度铝合金，并优化车体结构，显著减轻了列车自重。这直接带来了双重效益：一方面降低了基础能耗，另一方面为提升运能提供了空间。与之相辅相成的是先进的空气动力学设计。车头采用流线型造型，车体表面平滑流畅，有效降低了高速运行时的空气阻力系数。优化的气动外形不仅减少了能源消耗，也提升了高速行驶的稳定性，还降低了风噪，改善了乘坐舒适性。

在驱动核心方面，CR200J 型动车组搭载了高效节能的牵引传动系统。该系统采用成熟的大功率交流传动技术，即交—直—交传动方式。通过应用高性能的 IGBT（绝缘栅双极型晶体管）等核心功率器件，实现了对电能的高精度、高效率转换和控制。这一技术确保了强大的牵引力和宽广的恒功率调速范围，使列车在普速铁路复杂的线路条件下（如长大坡道），也能保持强劲、平稳的加速和持续运行能力。其突出优势在于高效节能，能量转化效率高，显著降低了单位运输周转量的能耗；同时，系统运行平稳可靠，减少了机械冲击，提升了乘坐舒适度和设备的耐久性。

因此，CR200J 型动车组是技术适配性和实用性的典范。它巧妙地将动力集中型的成熟可靠、轻量化带来的效率提升、空气动力学优化的性能增益及先进电力传动技术的高效节能特性融为一体。这不仅盘活了庞大的既有普速铁路网络资源，显著提升了线路的运输效率和服务质量，缩短了旅行时间，更以突出的能耗控制能力，为铁路客运的绿色低碳发展提供了有力支撑，成为推动中国铁路客运提质增效、实现高质量发展的重要车型之一。

本书由西安铁路职业技术学院张宗芳、史骏任主编；西安铁路职业技术学院张丽媛、师玲萍、孙海莉、郝磊、张曹辉任副主编；西安神西电气有限责任公司李骞，西安客车车辆段陈严钊、张永参与编写；西安铁路职业技术学院张刚毅、郭峰任主审。具体编写分工如下：项目 1 由张宗芳、西安动车段齐宇航编写；项目 2 由张宗芳、陈严钊编写；项目 3 由张曹辉、西安客车车辆段周拉练编写；项目 4 由张丽媛、张永编写；项目 5 由史骏、西安客车车辆段林邵睿编写；项目 6 由师玲萍、张宗芳、兰州车辆段牛永刚编写；项目 7 由孙海莉、郝磊、张宗芳、李骞编写；全书由张宗芳统稿。本书的编写得到了西安客车车辆段、兰州车辆段、西安神西电气有限责任公司的大力支持，在此表示感谢。

最后，由于技术的不断发展和编者的水平有限，书中难免有不当之处，恳请读者批评指正。

编　者

2025 年 6 月

目　录

项目1　认识动车组牵引系统

任务1.1　动车组牵引供电系统

★ 知识目标

（1）学习动车组牵引供电系统的组成和意义；
（2）学习动车组动力配置的方式和性能比较。

★ 能力目标

（1）掌握动车组牵引供电系统的重要作用；
（2）掌握动车组动力配置的特点。

★ 素质目标

（1）引导学生树立民族自豪感，感受中国高铁从追赶到领跑的伟大历程；
（2）引导学生树立追求卓越、勇于创新的职业态度，增强服务铁路事业的责任感和使命感。

★ 课前自学

本任务的课前自学资料见表 1-1。

表 1-1 课前自学资料

知识补习型	扫码了解动车组的发展
技能补训型	扫码了解动车组的特点

★ 课前自测

问题 1： 动车组的发展有哪些主要历程？

问题 2： 动车组的主要特点是什么？

任务导入

动车组牵引供电系统包括动车组本身的牵引传动部分和供电部分。前者指的是从受电弓、牵引变压器、牵引变流器到牵引电机的主电路部分所涉及的内容；后者指的是从变电站到受电弓所涉及的内容。从动车组的发展历程来看，动车组的传动方式主要包括交—直流传动方式和交—直—交传动方式。本任务的任务清单见表 1–2。

表 1–2　任务清单

序号	任务内容	任务要求
1	动车组供电系统的组成	能够掌握动车组供电系统的组成部分
2	动车组供电系统的作用	能够掌握动车组供电系统各部分的具体作用
3	动车组的牵引方式	能够分析动力集中型和动力分散型动车组牵引方式的不同

制订计划

本任务的任务分配表见表 1–3。

表 1–3　任务分配表

<table>
<tr><td>班级</td><td></td><td>组号</td><td></td><td>指导教师</td><td></td></tr>
<tr><td>组长</td><td></td><td>学号</td><td colspan="3"></td></tr>
<tr><td>组员</td><td colspan="5"><table>
<tr><td>姓名</td><td>学号</td><td>姓名</td><td>学号</td></tr>
<tr><td></td><td></td><td></td><td></td></tr>
<tr><td></td><td></td><td></td><td></td></tr>
<tr><td></td><td></td><td></td><td></td></tr>
<tr><td></td><td></td><td></td><td></td></tr>
<tr><td></td><td></td><td></td><td></td></tr>
</table></td></tr>
<tr><td colspan="6">任务分工</td></tr>
<tr><td colspan="6"></td></tr>
</table>

评价反馈

本任务的任务评价表见表 1-4。

表 1-4 任务评价表

项目名称	评价内容	分值	评价分数		
			自评	互评	师评
职业素养考核项目（40%）	穿戴规范、整洁	8			
	安全意识、责任意识	8			
	团队合作、与人交流	8			
	工完、料净、场地清	8			
	企业现场管理 6S 标准	8			
专业能力考核项目（60%）	供电系统组成	15			
	供电系统作用	15			
	动力集中型动车组牵引方式的特点	15			
	动力分散型动车组牵引方式的特点	15			
总分					
总评	自评（20%）+互评（20%）+师评（60%）=	综合等级		教师（签名）:	

知识链接

1.1.1 动车组牵引供电系统的组成和作用

动车组牵引供电系统包括动车组本身的牵引传动部分和供电部分。前者指的是从受电弓、牵引变压器、牵引变流器到牵引电机的主电路部分所涉及的内容；后者指的是从变电站到受电弓所涉及的内容。从动车组的发展历程来看，动车组的传动方式主要包括交—直流传动方式和交—直—交传动方式。

交—直流传动方式是指机车或动车组由交流供电而采用直流电机驱动的传动方式。从图 1-1 可以看出，列车从接触网获得电能，由变流器将交流电转换成直流电，并通过变流器来控制牵引电机的工作速度。

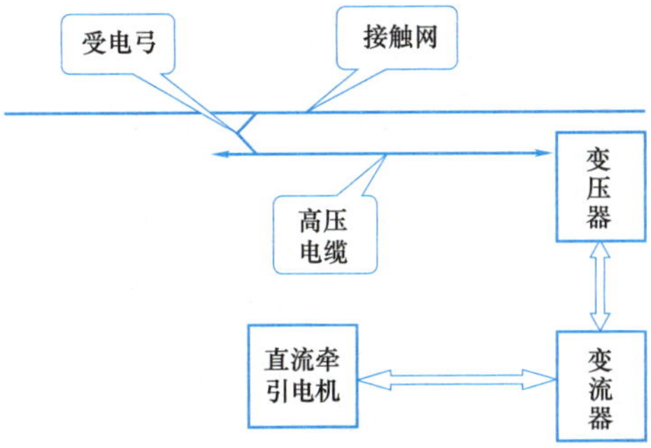

图 1-1　交—直流传动方式

交流传动方式是由变流器供电的异步或同步电机作为列车动力的传动方式。目前，变流器主要有交—交变流器和交—直—交变流器两大类。

列车受电弓从接触网取得的是一定频率和恒定电压的电源，而牵引电机是在列车所要求的转速和转矩范围内工作。这就要求电机电源的电压和频率能够进行调节，变流器就能实现这样的功能。交—交变流器能将接触网的交流电直接转换成电压和频率适合交流电机需求的电源；交—直—交变流器能将接触网的交流电转换成直流电，然后进一步转换成电压和频率可以调节的交流电，如图 1-2 所示。

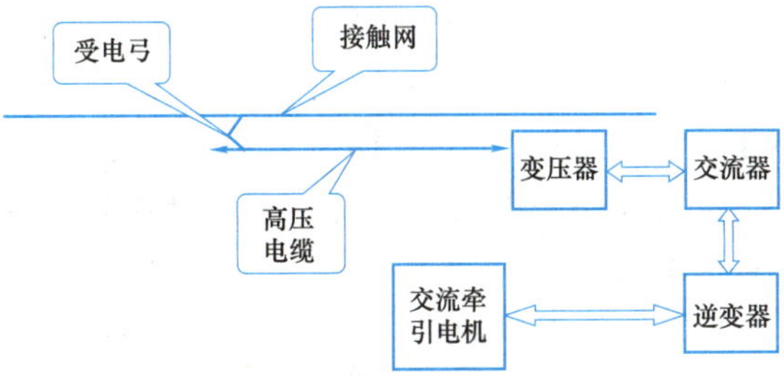

图 1-2　交—直—交牵引传动系统

目前，机车或动车组采用的交流传动系统基本结构可以分为三类，分别为电压型交—直—交变流器供电的异步牵引电机系统、电流型交—直—交变流器供电的异步牵引电机系统和交—交变流器供电的同步牵引电机系统。从世界铁路技术发展趋势来看，未来干线铁路牵引传动系统将主要采用电压型交—直—交变流器供电的异步牵引电机系统。

功率半导体和变流技术的进步，控制方法和控制装置的完善，这些都促进了交流传动技术的发展，使变流器-电机牵引系统的性能得到了满足。图 1-3 是动车组牵引系统原理示意图，其主要性能包括平稳起步、抑制滑行和空转、再生制动、调速范围等，并且实现了由一个控制器控制多台电机并联运行。

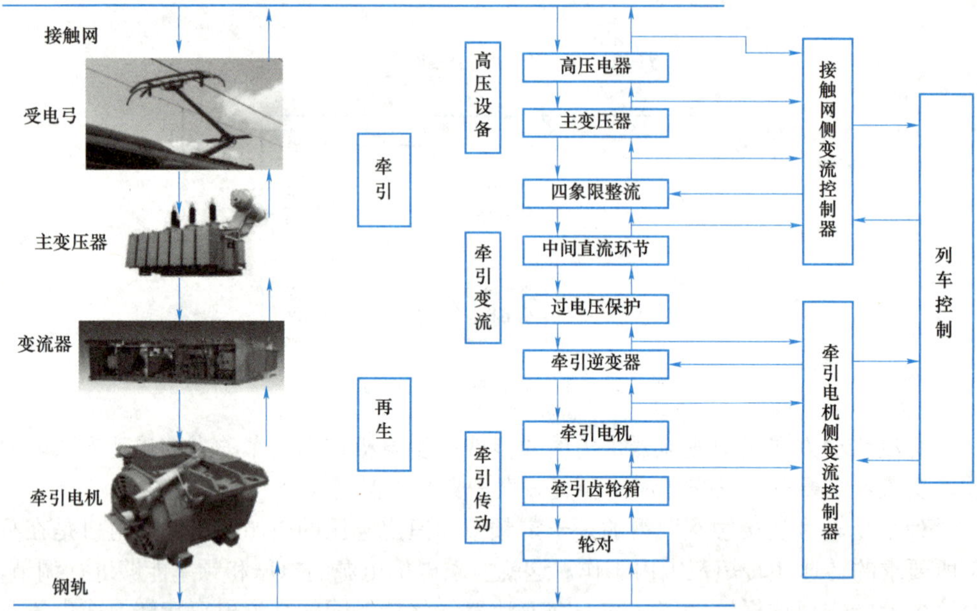

图 1-3　动车组牵引系统原理示意图

1.1.2　动车组牵引方式

高速列车动力配置方式可分为动力分散和动力集中两大类。所谓动力分散，就是将列车动力分散置于各车辆轴或大部分车辆轴上；所谓动力集中，则是将列车动力集中于列车两端动力车的动轴上，形成推挽式牵引。

动力集中型高速列车，以法国 TGV 和德国 ICE 水平最高。此外，摆式列车可运行于小半径曲线、线路改造量不大的线路上，尽管车辆结构复杂，但效果较好。瑞典 X2 型摆式列车具有一定代表性。

日本新干线高速列车是动力分散的典型，其 300 系动车组的最高速度达到 270 km/h，已代替原有的 0 系和 100 系等直流传动动车组。

从 300 km/h 以内高速列车的牵引模式来看，目前有日本采用的动力分散模式，也有西欧诸国采用的两端为动力车（实质为机车）、中间为拖车的动力集中模式。

1. 动力分散模式

日本采用动力分散模式是由历史原因造成的，究其原因，有以下几方面：

（1）日本高速铁路的规划始于 1957 年。高速必然要求机车具有较大的功率，例如，日本新干线 0 系每一车组的总功率为 11 840 kW。当时要研制功率大、质量小的牵引电机并采用动力集中模式是不可能的，因此必然会考虑采用动力分散模式。就目前情况而言，日本国内运用的机车功率也是偏小的，不能满足动力集中型高速列车牵引的需要。

（2）日本铁路采用的是松软路基。高速运行时，如何减小列车对线路的动力作用，在当时仍然缺乏经验，因此只能采用较轻的轴重。例如，0 系动车组的轴重为 16 t。

（3）日本铁路的站间距短，主要运载的是通勤旅客，因此必须适应频繁的起动和制动，这样一来，动力分散模式有其优越性。

（4）为减少线路投资，日本铁路采用了较大的坡度。例如，东海道干线坡度为20‰。同时，要求列车有较大的起动加速度和牵引力。当时由于对黏着机制没有充分的认识，也没有很好的抗空转、抗滑行的保护装置，只能采用较小的黏着系数，致使单轴极限牵引力受到限制，采用动力分散模式也是必然的结果。

2. 动力集中模式

欧洲发展现代高速列车比日本晚了近 20 年，彼时工业技术水平已大大提高。针对日本铁路高速化中出现的问题和教训，欧洲尤其是德国，对高速列车运行中的基础理论问题进行了大量的研究。例如，针对高速受流问题，日本采用多台受电弓受流，造成了弓网间共振，受流效果很差，接触线严重电蚀，一般 2～3 年就要更换。欧洲研究认为，两受电弓间的距离超过 200 m 即能防止共振。随着高速列车基础研究的突破和新技术的发展，欧洲出现了 TGV 和 ICE 两种不同技术风格的动力集中型高速列车。

欧洲各国的高速列车，几乎均采用推挽牵引的动力集中模式，两端为动力车，中间全部为拖车。法国的 TGV、德国的 ICE 均采用这种模式。意大利也从原来采用的 ETR450 动力分散型，转而采用 ETR500 动力集中型。所以就发展趋势而言，欧洲各国明显是以动力集中模式为主流。英法海底隧道高速列车 TMST 的标准编组也是两端配置动力车，牵引 16 辆客车，即 2（1L+8T），并且可以分组运行，每辆动力车牵引 8 辆客车。该型高速列车以 TGV−A 为样本，所以也是采用动力集中模式。要求列车能分组运行是为了更大的机动性，一旦在隧道内发生事故或故障，可以从两端紧急疏散。

高速列车经过了 40 多年的商业运营，随着运行速度的不断提高，技术日益成熟，但各技术平台性能的差异日渐明显，动力分散模式的优点较为明显，总体性能优于动力集中模式。

3. 动力分散型与动力集中型动车组的比较

动力分散型动车组轴重小，牵引动力大，起动加速快，驱动动轴多，黏着性能比较稳定，容易实现高速运转；其动力设备均可安装于地板底下，所有车辆（包括头车和中间车）均可作为客车使用，这样可提高列车定员。以日本新干线 300 系为例，其额定功率为 12 MW，起动加速牵引力可达到 360 kN，每吨起动加速牵引力可达到 0.5 kN，由起动加速到 250 km/h 的时间仅需 215 s，走行 9.6 km。新干线 300 系每米定员为 3.29 人，超过 TGV−A 的 2.04 人和 ICE 的 1.85 人。当然，法国、德国并不是做不到高定员，而是更讲究舒适性。基于这种特点，动力分散型动车组比较适用于铁路路基松软、站间距较短的国家，如日本等。

动力集中型动车组被世界上许多国家广泛采用，其运行速度也可达 330 km/h。在现行电气化铁路的技术条件下，动力集中型动车组完全能满足目前和今后很长一段时间内铁路运营的需要。动力集中型动车组技术成熟，编组较动力分散型动车组更为灵活。另外，在成本方面，动力集中型动车组两端为动力车，设备集中，动力设备数量少；在车内环境方面，动力集中型动车组驱动装置集中在两端，远离旅客座位区，噪声小。反观动力分散型动车组，驱动设备分布在车下，有一定的振动影响。

经过分析可以看出：速度在 200 km/h 等级的动车组，动力集中模式可以成为主要客运动力模式之一；速度在 250～300 km/h 等级的动车组，两种模式均可应用。但不可否认的是，速度在 300 km/h 及以上等级的动车组，动力分散模式有着独特的优越性。

一贯坚持动力集中模式的德、法两国，在新一代高速动车组的开发中，已放弃了动力集中模式，转为动力分散模式。德国 ICE3 新一代高速动车组采用动力分散模式（2M2T），最高运行速度达 330 km/h。法国 AGV 动车组也改用动力分散模式，速度在 320～360 km/h。由此可见，300 km/h 以上高速动车组采用动力分散模式是目前的发展趋势，也是新型高速动车组的发展方向。

寓德于课

钱清泉院士与高铁供电系统：以自主创新铸就“国家名片”的使命担当

钱清泉院士是中国电气化铁路自动化领域的开拓者，他带领团队攻克高铁牵引供电系统核心技术难题的历程，是科技工作者践行“国之大者”的生动写照。

20 世纪 90 年代，中国高铁起步阶段面临供电系统“卡脖子”困境：牵引变电所综合自动化技术完全依赖进口，国外设备不仅价格高昂，且核心技术封锁导致系统维护举步维艰。钱清泉团队以“为国家造中国芯”的信念，从零开始搭建自主可控的高铁供电“神经中枢”。他们深入京沪、京广等铁路沿线，在零下 40 ℃的东北雪原和 40 ℃的江南暑天开展试验，历时十余年突破分布式综合监控、故障预测、健康管理等关键技术，研发出具有完全自主知识产权的“高铁供电综合自动化系统”。该系统实现牵引变电所无人值守和智能诊断，将供电可靠性提升至 99.99%，一举打破国外垄断。更令人动容的是，钱清泉在项目攻坚期，曾因过度劳累，晕倒在实验室，醒来后第一句话却是“数据保存了吗？”这种“把实验室当战场”的拼搏精神，正是中国高铁人“敢为人先、勇攀高峰”的集体写照。他常说：“高铁供电系统是列车的‘生命线’，我们多突破一项技术，国家就少一分掣肘。”这种将个人理想融入民族复兴的家国情怀，与“两弹一星”精神一脉相承。如今，中国高铁供电技术已实现从“跟跑”到“领跑”的跨越，钱清泉团队研发的智能供电系统不仅应用于国内所有高铁线路，更是走出国门服务“一带一路”建设。

这一案例深刻启示我们：牵引传动与供电系统的技术突破，不仅是电力电子与控制理论的实践，更是科技工作者以“板凳要坐十年冷”的定力践行“国之所需、我之所向”的使命担当，激励青年学子在专业领域勇闯“无人区”，将论文写在祖国大地上。

课后拓学

比较 CRH380B 型动车组的供电系统与 CR200J 型动车组的供电系统的不同之处

任务 1.2　动车组三种技术平台

★ 知识目标

（1）了解三种技术体系的特点；
（2）了解动车组的关键技术组成。

★ 能力目标

（1）掌握新干线、TGV、ICE 三种技术平台的特点；
（2）掌握动车组关键技术。

★ 素质目标

（1）引导学生树立民族自豪感，感受中国高铁从追赶到领跑的伟大历程；
（2）引导学生树立追求卓越、勇于创新的职业态度，增强服务铁路事业的责任感和使命感。

★ 课前自学

本任务的课前自学资料见表 1-5。

表 1-5　课前自学资料

知识补习型	扫码了解新干线技术平台
技能补训型	扫码了解动车组九大技术特点

★ 课前自测

问题 1：新干线技术平台是什么？

问题 2：动车组九大技术特点是什么？

任务导入

日本、法国、德国在高速铁路建设和高速列车研制技术方面各成体系，形成了三种不同技术特征的平台。由于各技术平台成长的土壤各不相同，水平有高有低，为了全面了解高速列车技术，主要围绕电力牵引技术，从技术特点、运营速度、运营管理、技术成熟情况等对三种技术平台进行分析。本任务的任务清单见表 1–6。

表 1–6　任务清单

序号	任务内容	任务要求
1	三种技术平台的特点	能够从技术特点、运营速度、运营管理等方面对三种技术平台进行分析
2	动车组的九大关键技术	能够掌握动车组牵引控制系统、牵引变流系统、牵引变压器等几大部分的各自特点

制订计划

本任务的任务分配表见表 1–7。

表 1–7　任务分配表

<table>
<tr><td>班级</td><td></td><td>组号</td><td></td><td>指导教师</td><td></td></tr>
<tr><td>组长</td><td></td><td>学号</td><td colspan="3"></td></tr>
<tr><td>组员</td><td colspan="5"><table><tr><td>姓名</td><td>学号</td><td>姓名</td><td>学号</td></tr><tr><td></td><td></td><td></td><td></td></tr><tr><td></td><td></td><td></td><td></td></tr><tr><td></td><td></td><td></td><td></td></tr><tr><td></td><td></td><td></td><td></td></tr><tr><td></td><td></td><td></td><td></td></tr></table></td></tr>
<tr><td colspan="6">任务分工</td></tr>
<tr><td colspan="6"></td></tr>
</table>

评价反馈

本任务的任务评价表见表 1–8。

表 1–8 任务评价表

项目名称	评价内容	分值	评价分数		
			自评	互评	师评
职业素养考核项目（40%）	穿戴规范、整洁	8			
	安全意识、责任意识	8			
	团队合作、与人交流	8			
	工完、料净、场地清	8			
	企业现场管理 6S 标准	8			
专业能力考核项目（60%）	技术特点	15			
	运营速度	15			
	运行安全性	15			
	关键技术	15			
总分					
总评	自评（20%）+互评（20%）+师评（60%）=		综合等级	教师（签名）:	

知识链接

1.2.1 新干线、TGV、ICE 三种技术平台比较

日本、法国、德国在高速铁路建设和高速列车研制技术方面各成体系，形成了三种具有不同技术特征的平台。由于各技术平台成长的土壤各不相同，水平有高有低，为了全面了解高速列车技术，主要围绕电力牵引技术，从技术特点、运营速度、运营管理、技术成熟情况等对三种技术平台进行分析。

1. 技术特点

日本高速列车一直采用动力分散模式，这主要与日本的国情、技术水准等有关。法国、德国一直坚持动力集中模式，并取得了骄人的业绩。

运行速度在 300 km/h 以内，动力分散和动力集中模式都有良好的表现，在技术上不分伯仲，动力集中模式完全可以满足列车运行要求。运行速度超过 300 km/h，动力分散模式总体上要优于动力集中模式。因此，对于 300 km/h 级高速列车，应采用动力分散模式。

法国、德国第三代高速列车 AGV、ICE3 均已放弃了一直坚持的动力集中模式，采用动力分散模式。也就是说，运行速度在 300 km/h 以上的列车，采用动力分散模

式是必然趋势，已得到了验证和认同。

新一代高速列车均采用交流传动技术，变流器为四象限脉冲变流器，变流器元件应用以 IGBT 为基础的各种集成、智能化器件。牵引电机采用交流三相异步电机，控制策略主要为矢量控制和直接转矩控制。高速列车在控制方面，采用了网络化控制方式，使列车的控制、智能化水平得以极大提高。

在列车供电技术上，法国是唯一掌握了用工业用电制向列车供电的国家。法国阿尔斯通公司研制的列车，以铰接式保证了列车的稳定性：相连的两节车厢以半刚性横向机械连接，使列车形成一个整体，避免了车厢间的冲撞，在发生重大事故（如脱轨）的情况下，可避免列车解体；转向架设置在相邻的两节车厢之间，转向架数量减少 30%，质量小（小于 17 t/轮轴），降低了运营和维护成本。

2. 运营速度

目前，在轮轨高速领域，日本、法国、德国先后都掌握了 300 km/h 高速技术，但法国列车的速度最高，而且历史最长：1986 年，大西洋线上的高速列车速度达 300 km/h；1990 年，创造了 515 km/h 的世界试验速度纪录；2007 年 4 月 3 日，V150 列车又创造了 578.4 km/h 的试验速度新纪录；目前运营速度达到 320 km/h，为世界最高。新一代的 AGV 列车，速度可达 350 km/h。

法国高速列车已经安全行驶了 20 多亿 km。虽然行驶总里程低于日本新干线，但在这 20 多亿 km 中，有 80%是在 300 km/h 下行驶的。这个比例远高于日本。

日本新干线速度最高的是 500 系动车组，最高速度达 300 km/h。但以这个速度行驶的线路只有 100 km，也就是说，以 300 km/h 速度运行线路的比例，远低于法国。不过由于起步早、里程最长等因素，日本高速运营总里程最长，其他高速列车速度也接近 280 km/h。

德国高速列车 ICE3 系列于 1999 年投入商业运营，见图 1–4。2002 年，开通法兰克福至科隆段，速度达到 320 km/h。西门子公司新研制的 Velaro 型列车，最高速度可达 350 km/h。西门子公司为西班牙研制的 Velaro–E 型列车，最高速度也可达 350 km/h。

图 1–4　德国 ICE350

3. 运营安全性

日本新干线运量大，除了定员高外，主要依靠发车密度最高、追踪间隔最短（仅 4 min）。也就是说，每隔 4 min 就能发出一班高速列车。能够做到这样的密集运输，是新干线独有的管理运营技术。这是新干线区别于法国、德国同行的优势所在。

在准点率方面，日本新干线位居世界首位。在多地震、多台风等国情条件下，包括自然灾害引起的晚点，平均只有 0.3 min，而且还是在班次高密度的前提下取得的，运营技术的确不一般。

在安全事故方面，法国自 1981 年开通高速铁路后，前 24 年没有一例人员伤亡事故；日本这样的纪录一直保持了 40 年，但 2004 年发生了第一起人员伤亡事故，出事地点不是在新干线上，事故原因是司机违章；德国 ICE 铁路 2001 年发生了列车颠覆事故。

法国、德国铁路采用欧洲铁路运输管理系统（ERTMS），德国 ICE3 列车系统采用 GPS 技术显示行车路线。

日本新干线运营管理系统庞大复杂，有综合调度室及信息管理、信息处理、进路控制、运行显示等四大系统，还有列车集中控制、通信信息监控、变电所集中控制等装置。以上系统和设备对所有的运行信息实行一体化管理，保证列车的安全准点。

4. 技术系统整合能力

高速铁路系统由基础网路设施、机车车辆和运营系统三个部分组成。

日本尚未掌握高速列车与现有基础设施的整合技术，新干线是一条高速列车专用线，与其他铁路没能实现联网。

法国阿尔斯通公司的高速列车自研发之初已考虑了 3 个子系统的整合，并已经成功地在 9 个国家新建，并在与原有不同的基础设施和信号系统的条件下商业运营。

德国虽然掌握了两种网路的整合技术，但其 300 km/h 的高速列车运营了仅 7 年时间，而且只在一条线上行驶。因此，德国在系统整合方面的经验尚不如法国丰富。

5. 市场占有率和技术转让情况

法国阿尔斯通公司具备在国外成功地实施高速铁路项目所需要的技术、工业和管理。在西班牙和韩国项目的实施中，每次都是法国生产首批列车，继而通过技术转让将大部分技术转移至当地。阿尔斯通公司产品出口历史悠久，市场份额较大，覆盖 9 个国家和地区，在 270 km/h 的高速列车市场，占有 85%的份额。

德国在出口西班牙 6 列 Velaro–E 型列车之后，又出口中国唐山轨道车辆有限公司 60 列 Velaro–E 改进型列车。

日本于 2000 年签订了向中国台湾出口高速列车的合同，是其首次海外输出。2004 年，又签订了向中国南车青岛四方机车车辆股份有限公司出口 60 列 200 km/h 动车组的合同。

法国阿尔斯通公司在高速铁路项目渐进式技术转让方面积累了丰富的经验，先后成功地向西班牙、英国、韩国转让了技术，其合作伙伴都经受了全面的培训，并得到了建立工厂的技术支持。法国阿尔斯通公司交货期准时，韩国的 KTX 高速列车就是一个例证。

1.2.2 动车组关键技术组成

动车组关键技术主要有九项，包括轻量化车体、高速转向架、制动系统、系统集成、牵引控制系统、牵引变流器、牵引变压器、牵引电机、列车网络控制系统等九个方面。主要配套技术包括空调、钩缓、内装等十项。

寓德于课

高铁作为“一带一路”名片背后的责任意识：共筑人类命运共同体的“钢铁驼队”

中国高铁驶出国门、驰骋于“一带一路”的壮阔征程，不仅是技术实力的彰显，更是一场以责任担当为底色的文明对话。以雅万高铁为例，这条连接印尼首都雅加达与万隆的“钢铁巨龙”，全长 142.3 km，承载着中国工程师对“共商、共建、共享”理念的深刻践行。面对东南亚复杂的地质条件和热带雨林生态，项目团队没有简单复制国内经验，而是深入调研当地文化习俗和环保需求：为保护爪哇虎栖息地，设计团队六易其稿，最终采用“以桥代路”方案，并增设 36 处野生动物通道；针对印尼电力短缺现状，研发团队创新性地将牵引变电所能耗降低 15%，同时为沿线村庄捐赠太阳能发电设备，让高铁建设惠及民生。这种“将工程做进百姓心坎里”的担当，正是中国高铁“走出去”的核心理念。

在中老铁路建设中，责任意识体现得更为具体。老挝段隧道施工面临岩溶突水风险，中国工程师没有选择成本更低的爆破方案，而是耗时 8 个月研发微震监测预警系统，以“零伤亡”记录打通 17 座隧道；为解决老挝技术人才短缺问题，中方团队在万象建立铁路职业技术学院，通过“师带徒”模式培养首批 300 名本土机车驾驶员。其中，24 岁的老挝姑娘希达 · 占塔邦在结业典礼上哽咽道：“中国老师不仅教会我开火车，更让我看到了老挝未来的希望。”这种超越商业利益的“技术扶贫”，诠释了“一带一路”倡议中“授人以渔”的深层逻辑。

中国高铁人更以“钢铁驼队”的使命感守护文化多样性。匈塞铁路塞尔维亚段建设中，中方团队主动调整施工窗口期，避开东正教复活节等重要节日；在高铁车站设计上，融入匈牙利“链桥”拱形元素和塞尔维亚“柯拉什”传统纹饰，让现代交通设施成为文化交融的载体。正如习近平总书记所言，“一带一路”建设不是中国一家的独奏，而是沿线国家的合唱。中国高铁工程师用行动证明，真正的“大国工匠”不仅要突破技术壁垒，更要以“各美其美，美人之美”的胸怀，搭建文明互鉴的桥梁。

从雅万高铁的绿色施工到中老铁路的人才孵化，从匈塞铁路的文化共情到麦麦高铁的沙漠生态修复，中国高铁人以“责任重于泰山”的担当，将冰冷的钢轨化作传递友谊的温度计。这也启示着未来工程师：技术输出从来就不是终点，通过高铁动脉促进民心相通、推动可持续发展，才是“中国方案”走向世界的深层价值。当中国标准与世界需求同频共振时，每一列飞驰的动车组都在书写人类命运共同体的新篇章。

课后拓学

学习动车组的九大关键技术

项目 2　动力集中型动车组检修体系

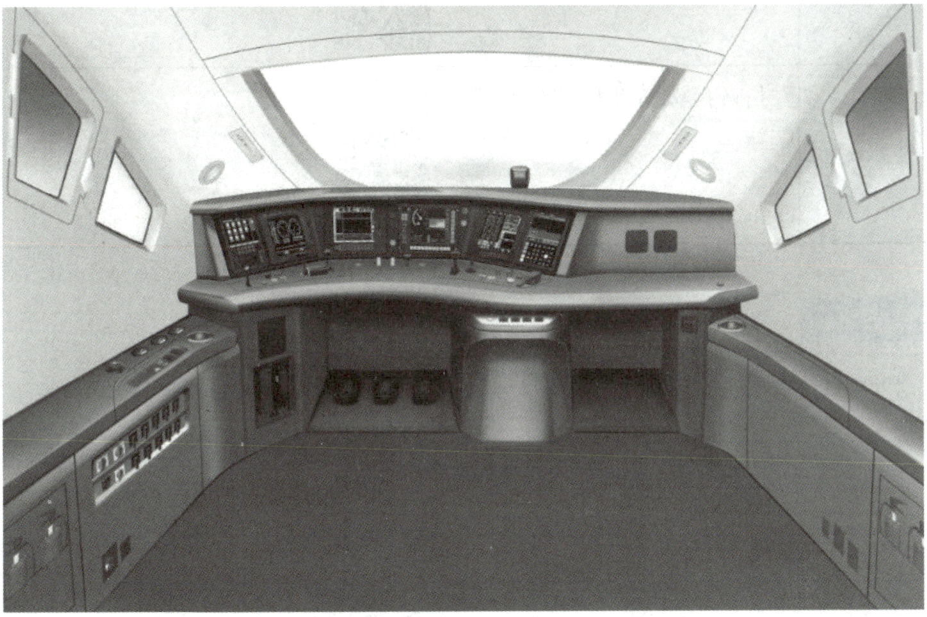

任务 2.1　动力集中型动车组的 D1 级检修

★ 知识目标

（1）学习 CR200J 型动车组车种和编号；
（2）学习 CR200J 型动车组车辆布局。

★ 能力目标

（1）掌握 CR200J 型动车组 D1 级检修的作业内容和作业标准；
（2）能够准确描述各号位 D1 级检修的作业路线。

★ 素质目标

（1）高速铁路作为中国的一张“国家名片”，借此培养学生的爱国情怀和深切的民族自豪感，树立民族自信心；

（2）培养学生安全行车的认知和品质意识。

★ 课前自学

本任务的课前自学资料见表 2-1。

表 2-1　课前自学资料

知识补习型	扫码了解“复兴号”家族动车组的特点
技能补训型	扫码了解动车组机械师的日常工作

★ 课前自测

问题 1：“复兴号”家族动车组的特点是什么？

问题 2：动车组机械师的日常工作是什么？

任务导入

通过对 CR200J 型动车组 D1 级检修作业的实施，使学生进一步了解动力集中型动车组的总体技术；通过对“复兴号”动车组发展历程的了解，培养学生的民族自信心、自豪感和集体荣誉感；通过各号位作业路线设计，使学生掌握 D1 级检修各号位的作业内容、作业流程和作业质量；通过典型故障案例，培养学生安全行车的认知和品质意识。本任务的任务清单见表 2-2。

表 2-2 任务清单

序号	任务内容	任务要求
1	CR200J 型动车组 D1 级检修作业程序设计	能够描述 CR200J 型动车组关键技术参数，能够解释车辆编号、车种代号的含义，能够详细描述 D1 级检修各设备的作业质量
2	各号位无电作业路线设计	能够详细描述各号位无电作业的作业路线和作业流程
3	各号位有电作业路线设计	能够详细描述各号位有电作业的作业路线和作业流程

任务实施

本任务的任务实施方案见表 2-3。

表 2-3 任务实施方案

工序/工步	工序/工步名称和内容
1	CR200J 型动车组 D1 级检修作业程序（图 2-1、图 2-2）

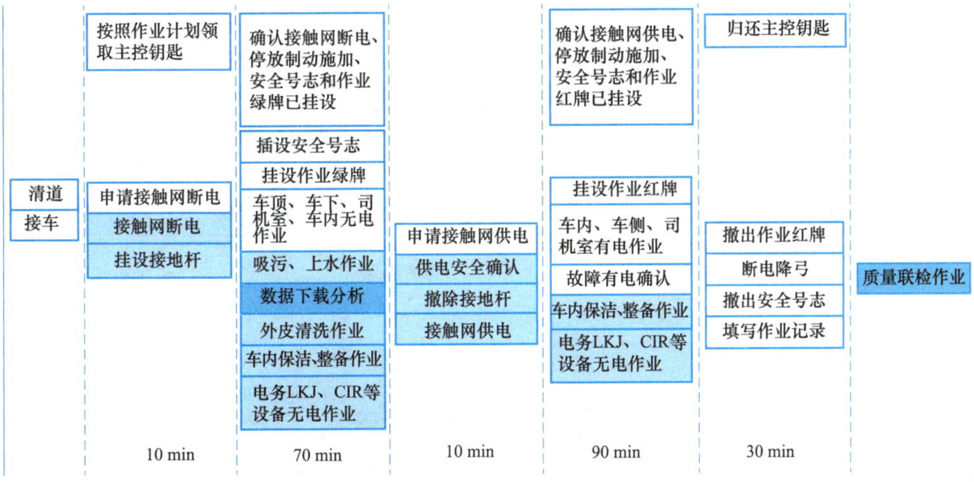

图 2-1 作业程序

续表

工序/工步	工序/工步名称和内容

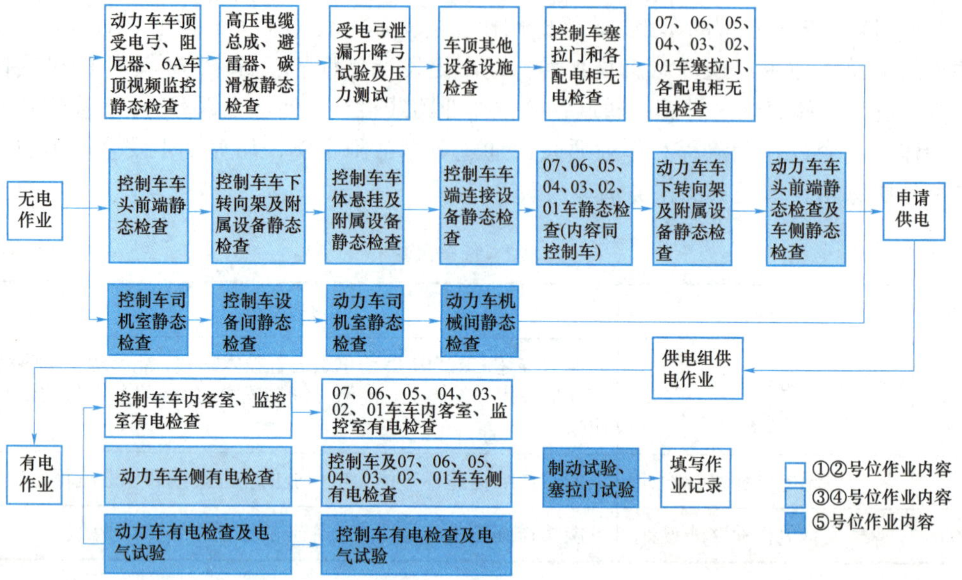

图 2-2　作业内容

工序/工步	工序/工步名称和内容
2	①②号位无电作业路线（图 2-3～图 2-6）

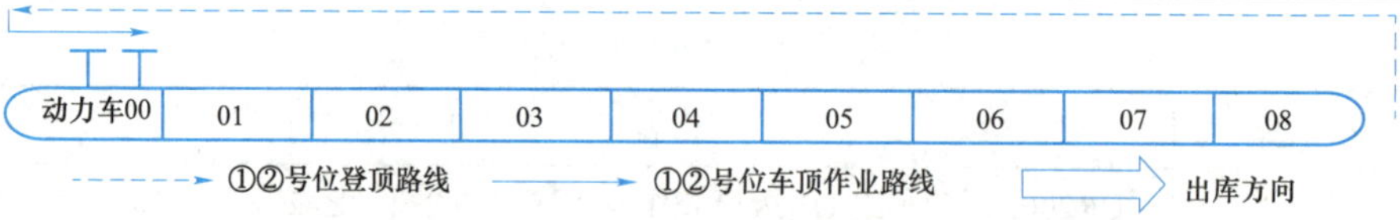

图 2-3　①②号位无电车顶作业路线（动车组停于一列位）

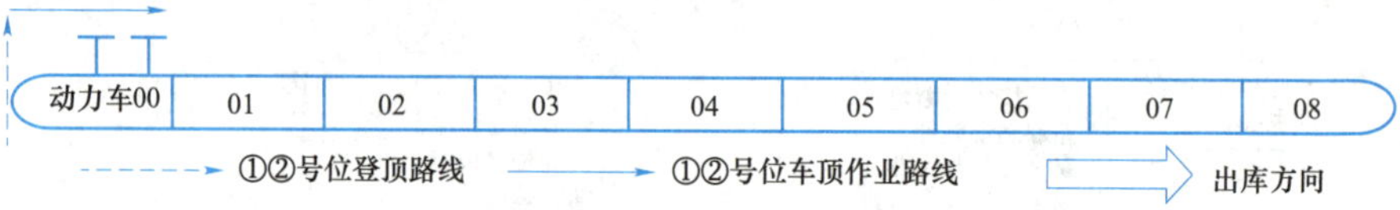

图 2-4　①②号位无电车顶作业路线（动车组停于二列位）

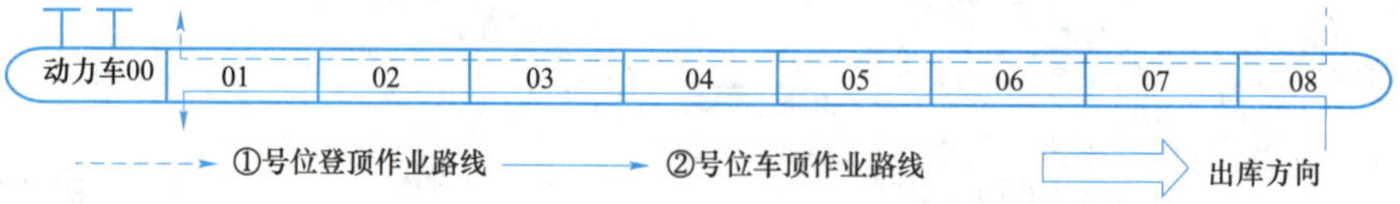

图 2-5　①②号位无电车内作业路线（动车组停于一列位）

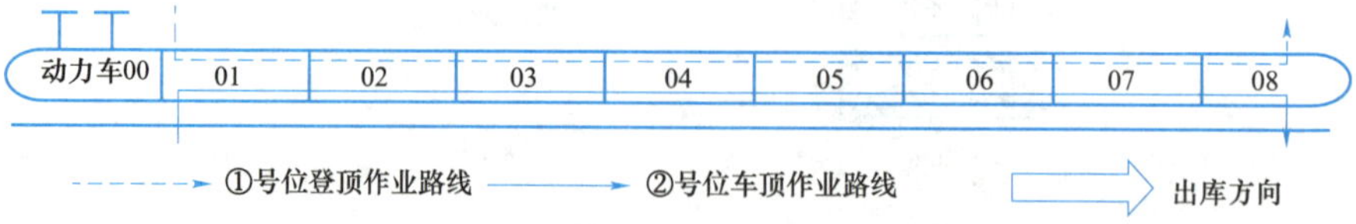

图 2-6　①②号位无电车内作业路线（动车组停于二列位）

续表

工序/工步	工序/工步名称和内容
3	③④号位无电作业路线（图 2-7、图 2-8）

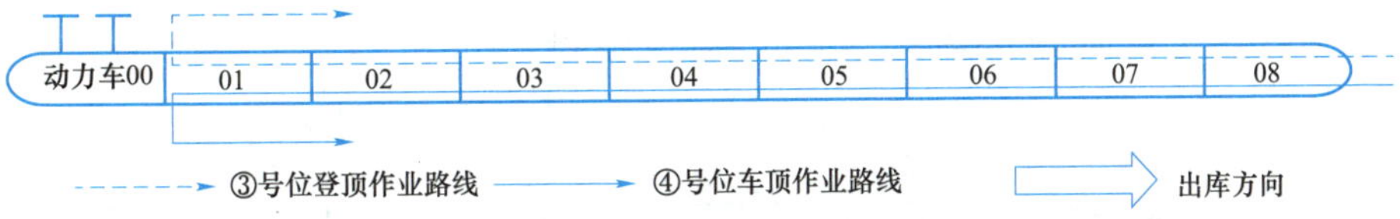

图 2-7　③④号位无电作业路线（动车组停于一列位）

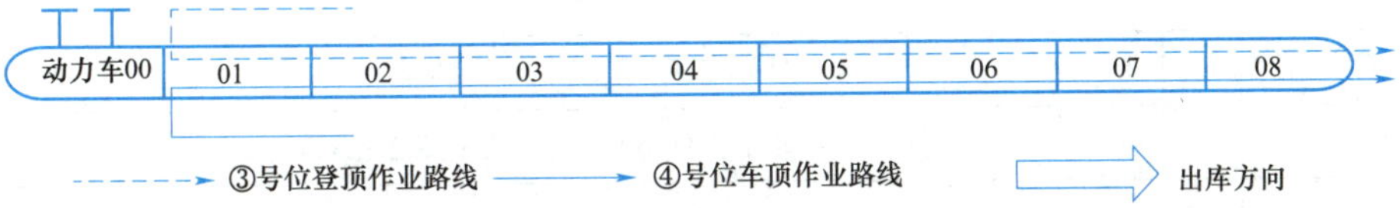

图 2-8　③④号位无电作业路线（动车组停于二列位）

工序/工步	工序/工步名称和内容
4	⑤号位无电作业路线（图 2-9）

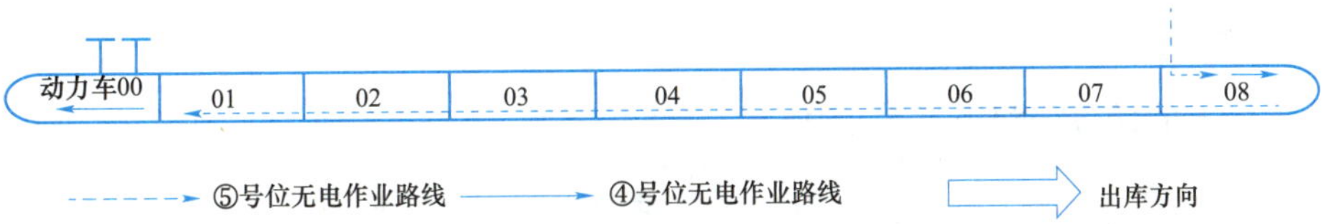

图 2-9　⑤号位无电作业路线

工序/工步	工序/工步名称和内容
5	①②号位有电作业路线（图 2-10）

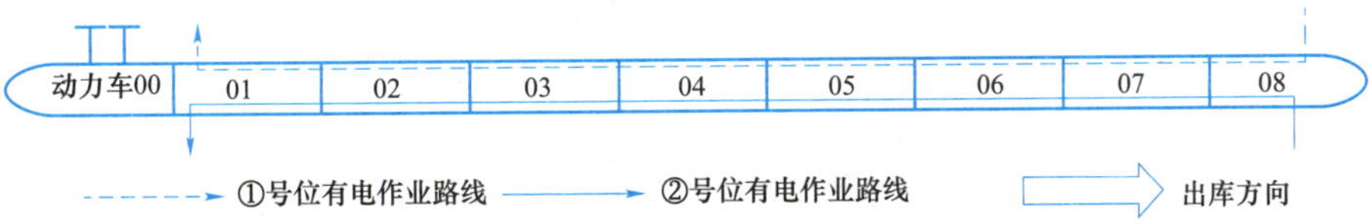

图 2-10　①②号位有电作业路线

续表

工序/工步	工序/工步名称和内容
6	③④号位有电作业路线（图 2-11、图 2-12）

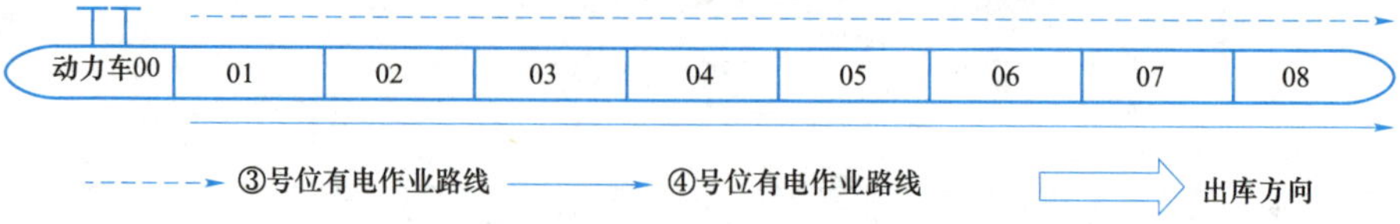

图 2-11　③④号位有电作业路线（动车组停于一列位）

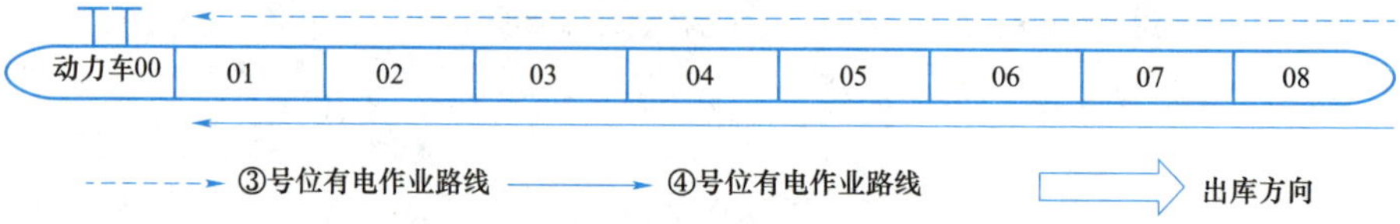

图 2-12　③④号位有电作业路线（动车组停于二列位）

工序/工步	工序/工步名称和内容
7	⑤号位有电作业路线（图 2-13）

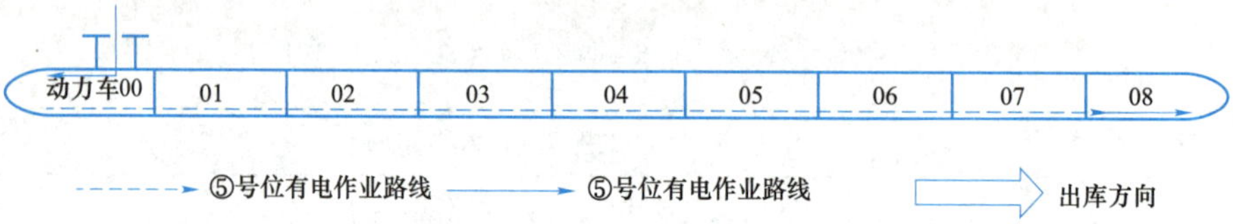

图 2-13　⑤号位有电作业路线

制订计划

本任务的任务分配表见表 2-4。

表 2-4　任务分配表

<table>
<tr><td>班级</td><td></td><td>组号</td><td></td><td>指导教师</td><td></td></tr>
<tr><td>组长</td><td></td><td>学号</td><td colspan="3"></td></tr>
<tr><td>组员</td><td colspan="5"><table>
<tr><td>姓名</td><td>学号</td><td>姓名</td><td>学号</td></tr>
<tr><td></td><td></td><td></td><td></td></tr>
<tr><td></td><td></td><td></td><td></td></tr>
<tr><td></td><td></td><td></td><td></td></tr>
<tr><td></td><td></td><td></td><td></td></tr>
<tr><td></td><td></td><td></td><td></td></tr>
</table></td></tr>
<tr><td colspan="6">任务分工</td></tr>
<tr><td colspan="6"></td></tr>
</table>

评价反馈

本任务的任务评价表见表 2–5。

表 2–5　任务评价表

项目名称	评价内容	分值	评价分数		
			自评	互评	师评
职业素养考核项目（40%）	穿戴规范、整洁	6			
	安全意识、责任意识、服从意识	6			
	积极参加教学活动，按时完成学生工作活页	10			
	团队合作、与人交流	6			
	劳动纪律	6			
	企业现场管理 6S 标准	6			
专业能力考核项目（60%）	CR200J 型动车组 D1 级检修作业程序设计	12			
	①②号位无电作业路线	8			
	③④号位无电作业路线	8			
	⑤号位无电作业路线	8			
	①②号位有电作业路线	8			
	③④号位有电作业路线	8			
	⑤号位有电作业路线	8			
总分					
总评	自评（20%）+互评（20%）+师评（60%）=	综合等级	教师（签名）:		

知识链接

CR200J 型动车组总体技术

2.1.1　CR200J 型动车组概述

为加快推进铁路装备现代化，充分利用既有线路和机、客车的检修资源，提高既有线铁路运输服务品质，满足国铁集团运输和经营发展要求，2015 年 8 月起，在中国铁路总公司和中国中车统一指挥下，各机车厂、客车厂和科研院所组建联合团队，共同开展时速 160 km 动力集中电动车组关键技术研究和样车研制工作。

2019 年初，时速 160 km 动力集中电动车组正式在我国上线运行。2019 年 8 月，根据国铁集团党组会要求，结合运用经验和新的需求，按照“复兴号”品牌战略，统筹考虑 CR200J 型动车组的产品定位、市场需求和发展前景，组织开展设计优化工作，科学确定技术路线，着力在技术先进性、经济合理性、乘坐舒适性等方面实现新的突破，将其打造成时速 160 km 速度级“复兴号”定型产品，为中国铁路“走出去”提供装备支撑。为此，项目团队在全面梳理现状、广泛听取意见、深入分析论证的基础上，形成了系统的 CR200J 型动车组系统设计优化方案。

CR200J 型动车组主要在我国既有铁路上运行，并能在 200 km/h 速度等级及以上的客运专线上以 160 km/h 速度级正常运行。CR200J 型动车组是“复兴号”动车组系列的重要组成部分，也是铁路旅客运输的新型运载工具。

CR200J 型动车组指两端为动力车或一端为动力车、另一端为控制车，中间为拖车的最高运营速度为 160 km/h 的电力动车组，两端均设有司机室，按编组型式分为长、短编组动车组。

2.1.2 CR200J 型动车组车种和编号

1. 车种型号

动力车为 8 轴客运电力机车一般改进型，车型为 FXD_1、FXD_3。为与 8 轴客运电力机车区分，体现动力集中，在车号前增加大写字母“J”。

拖车和控制车车种表示见表 2-6。

表 2-6 拖车和控制车车种表示

序号	车种名称	车种代码	车种英文名称	备注
1	一等座车	ZY	First Class Coach	
2	一等座车	KZ	First Class Coach	带司机室
3	二等座车	ZE	Second Class Coach	
4	二等座车/餐车	ZEC	Second Class/Dining Coach	涂打残疾人设施标识
5	一等卧车	WY	First Class Sleeper Coach	
6	二等卧车	WE	Second Class Sleeper Coach	无障碍二等卧车，涂打残疾人设施标识

2. 车辆编号

时速 160 km 动力集中型动车组是“复兴号”动车组系列产品，整列总代号为“CR200J”，简称“CR200J 型动车组”。为区分编组中动力车制造企业，在整列总代号“CR200J”后增加 1 位阿拉伯数字。为区分拖车和控制车制造企业，以 4 位阿拉伯数字表示车组号，即整列代号为“CR200J×-××××”。具体含义如下：

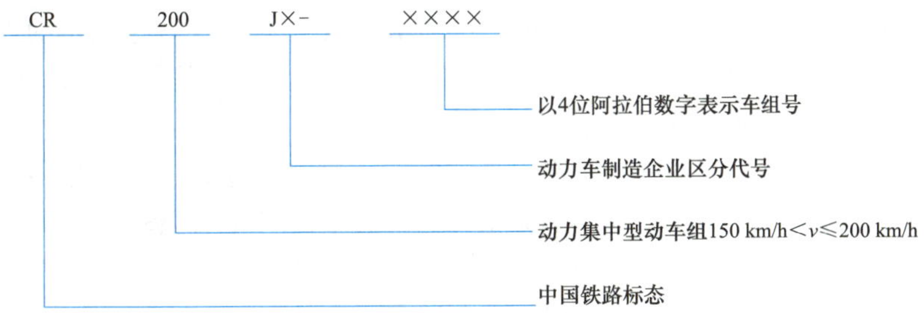

其中，“CR200J1”表示动力车由中车株洲电力机车有限公司制造的动车组整列代号；“CR200J2”表示动力车由中车大同电力机车有限公司制造的动车组整列代号；“CR200J3”表示动力车由中车大连机车车辆有限公司制造的动车组整列代号。后 4 位车组编号表示拖车和控制车的生产企业，具体如下：

（1）中车唐山机车车辆有限公司制造的国铁动车组，短编车组号段为 1001～1999，长编车组号段为 5001～5999。

（2）中车南京浦镇车辆有限公司制造的国铁动车组，短编车组号段为 2001～2999，长编车组号段为 6001～6999。

（3）中车长春轨道客车股份有限公司制造的国铁动车组，短编车组号段为 3001～3999，长编车组号段为 7001～7999。

（4）中车青岛四方机车车辆股份有限公司制造的国铁动车组，短编车组号段为 4001～4999，长编车组号段为 8001～8999。

2.1.3　CR200J 型动车组的编组型式

CR200J 型动车组的编组型式有两类，分别是短编组动车组和长编组动车组。

如图 2-14 所示，短编组动车组标准编组型式为 9 辆编组，1 动 7 拖 1 控，全部为座车，总定员 720 人，长约 234 m。2/3/4/6/7/8 号车设二等座椅；9 号车设一等座椅；5 号车设无障碍卫生间、轮椅存放区、餐吧区、播音室和机械师室。短编组动车

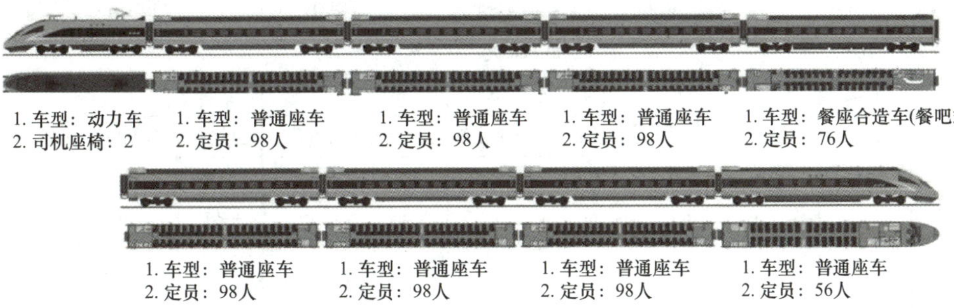

总定员：720 人（一等座定员 56 人，二等座定员 664 人）									
顺号	1	2	3	4	5	6	7	8	9
等级	—	二等	二等	二等	二等	二等	二等	二等	一等
定员（人）	—	98	98	98	76（注）	98	98	98	56
注：包含 2 个无障碍座席。									

图 2-14　CR200J 型短编组动车组典型编组型式

组不得减编，但可以重联运行。重联时，原则上应采用控制车与控制车的连挂方式，确需采用动力车与控制车的连挂方式时，应确认动车组技术条件；不允许采用动力车与动力车的连挂方式。重联操作必须在重联端进行。

典型的动车组长编组由普通卧车、包间卧车、餐座合造车（厨房式）和普通座车组成，编组型式为 1 辆动力车+4 辆普通卧车+5 辆包间卧车+1 辆餐座合造车+2 辆普通座车+6 辆普通卧车+1 辆动力车，见图 2–15，总定员 1 102 人。动车组长编组的各车种可根据运用需求灵活配置，但必须保留 1 辆餐座合造车作为拖车车列的信息中枢。

注意：

（1）长编组动车组减编时，不得减编设有机械师室的拖车（餐座合造车）。

（2）长编组动车组不得重联运行。

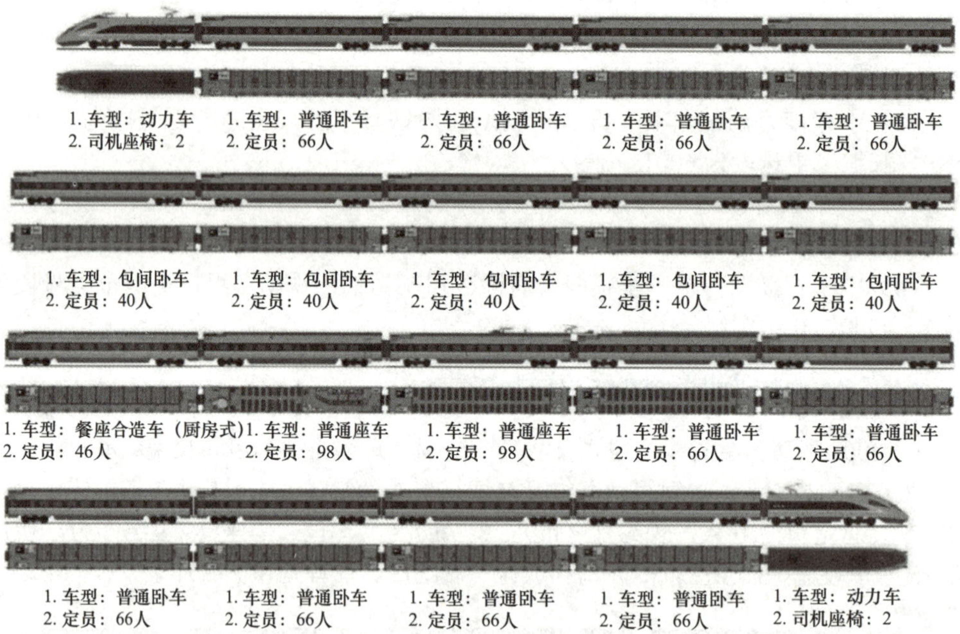

总定员：1 102 人（二等座定员 242 人，硬卧定员 660 人，软卧定员 200 人）										
序号	1	2	3	4	5	6	7	8	9	10
车型	动力车	普通卧车	普通卧车	普通卧车	普通卧车	包间卧车	包间卧车	包间卧车	包间卧车	包间卧车
席别	—	硬卧	硬卧	硬卧	硬卧	软卧	软卧	软卧	软卧	软卧
定员	—	66	66	66	66	40	40	40	40	40
序号	11	12	13	14	15	16	17	18	19	20
车型	餐座合造车（厨房式）	普通座车	普通座车	普通卧车	普通卧车	普通卧车	普通卧车	普通卧车	普通卧车	动力车
席别	二等座席	二等座席	二等座席	硬卧	硬卧	硬卧	硬卧	硬卧	硬卧	—
定员	46（注）	98	98	66	66	66	66	66	66	—
注：包含 2 个无障碍座席。										

图 2–15　CR200J 型长编组动车组典型编组型式

2.1.4　CR200J 型动车组车辆布局

1. 动力车布局

动力车采用单司机室，机械间为贯穿中间走廊结构（宽度≥600 mm）。机械间设备根据设备质量按照斜对称布置的原则进行布置，并在机械间两侧各设有一扇铰链式的动力车入口门。全车设备布置可分为车顶设备布置、司机室设备布置、机械间设备布置、车下设备布置、辅助设备布置、动力车布线等几个部分。动力车平面布局见图 2–16。

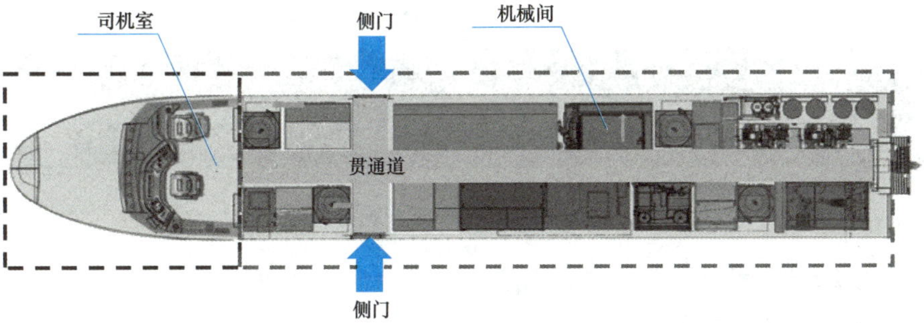

图 2–16　动力车平面布局

2. 控制车布局

控制车定员 56 人，两端设通过台；一位端设蹲式卫生间、乘务员室、电气控制柜、电热开水器；中部为客室，设置 2+2 一等座椅；二位端设坐式卫生间、单人洗面间、司机室。控制车平面布局见图 2–17。

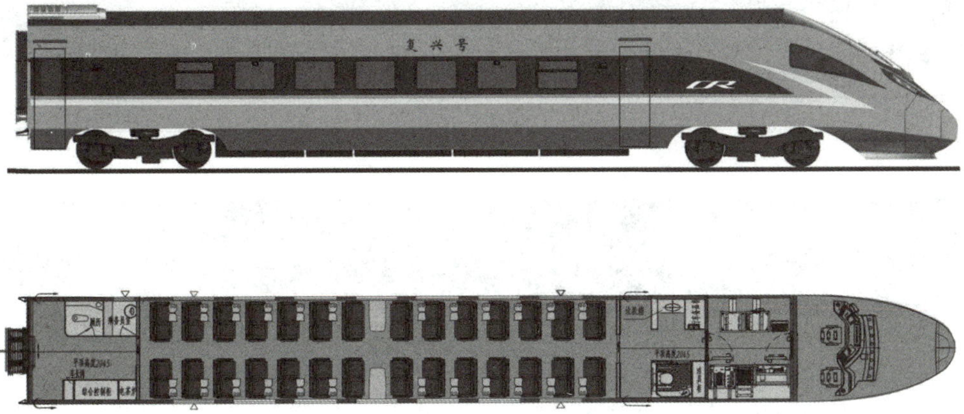

图 2–17　控制车平面布局

3. 二等座车布局

二等座车定员 98 人，两端设通过台；一位端设坐式卫生间、乘务员室、电气控制柜、电热开水器；中部为客室，设置 2+3 二等座椅；二位端设蹲式卫生间、单人洗面间、大件行李区。二等座车平面布局见图 2–18。

图 2–18　二等座车平面布局

4. 二等座车/餐车（餐吧式）布局

二等座车/餐车（餐吧式）定员 76 人；一位端设通过台、垃圾箱、无障碍卫生间；车体中部为客室、播音室、机械师室，设置 2+3 二等座椅，客室设有无障碍座位和残障人士轮椅存放区；二位端设配电柜、餐吧区，餐吧区设有便于售卖的展示柜和储藏设备。二等座车/餐车（餐吧式）布局见图 2–19。

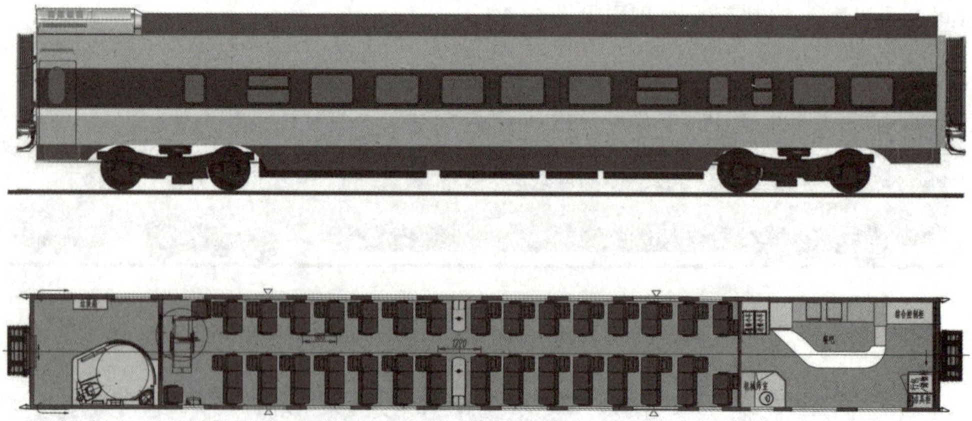

图 2–19　二等座车/餐车（餐吧式）布局

5. 二等座车/餐车（厨房式）

二等座车/餐车（厨房式）定员 46 人；一位端设通过台，一位小走廊设隐藏式垃圾箱和一个无障碍卫生间；车体中部为客室和机械师室，设置 2+3 二等座椅和 4 个安全锤，客室设有无障碍座位和残障人士轮椅存放区；二位端设综合控制柜、配餐式厨房、行包专用柜和侧走廊。二等座车/餐车（厨房式）布局见图 2–20。

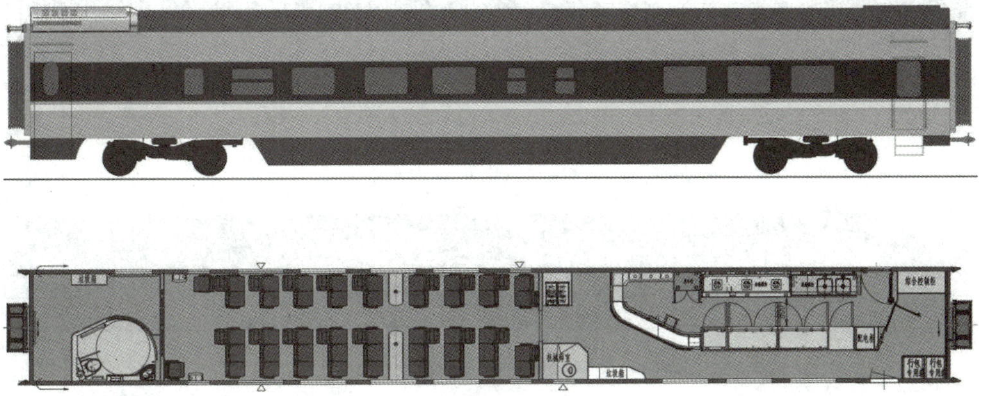

图 2-20　二等座车/餐车（厨房式）布局

6. 二等卧车

二等卧车定员 66 人；一位端设通过台、坐式卫生间、乘务员室和小走廊，乘务室内设电热开水器，小走廊内设电气控制柜和卧具柜；车体中部设 11 个半封闭式卧铺包间和侧走廊，上铺与中铺、中铺与下铺间设脚蹬；二位端设三人洗面间、隐藏式洁具柜、垃圾箱、蹲式卫生间和小走廊。二等卧车布局见图 2-21。

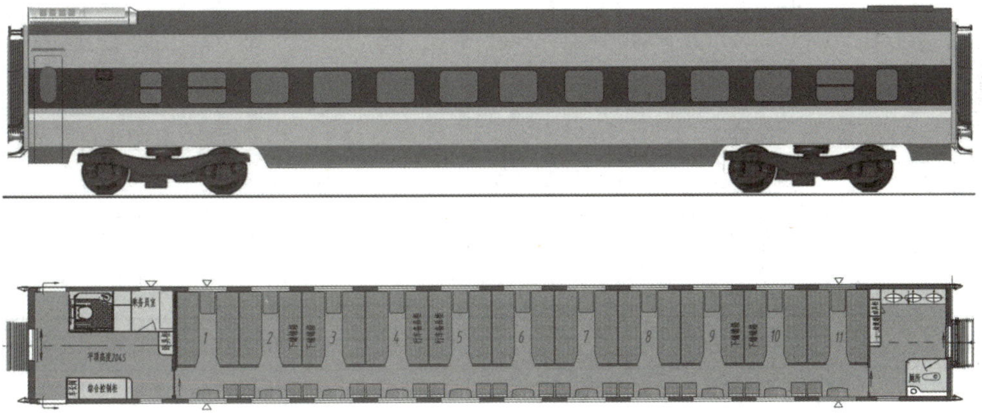

图 2-21　二等卧车布局

7. 一等卧车

一等卧车定员 40 人；一位端设通过台、坐式卫生间、乘务员室和小走廊，乘务室内设电热开水器，小走廊内设电气控制柜和卧具柜；车体中部设 10 个封闭式卧铺包间和侧走廊；二位端设三人洗面间、隐藏式洁具柜、垃圾箱、蹲式卫生间和小走廊。一等卧车布局见图 2-22。

图 2-22　一等卧车布局

2.1.5　CR200J 型动车组主要技术参数

CR200J 型动车组主要技术参数见表 2-7。

表 2-7　CR200J 型动车组主要技术参数

定员	普通座车	98 人
	普通座车（带餐吧）	76 人
	控制车	56 人
	一等座车	76 人
	普通卧车	66 人
	包间卧车	40 人
轴重		不大于 16.5 t，同一轮对轮重差不超过 4%
车体长度		25 500 mm
车体宽度		3 105 mm
车顶距轨面高度（空车时）		4 433 mm
车辆定距		18 000 mm
轨距		1 435 mm
中间密接式车钩中心线距轨面高度		880^{0}_{-30} mm
通过台渡板面距轨面高度		1 283 mm
客室地面距轨面高度		1 283 mm
最高运营速度		160 km/h
最高试验速度		176 km/h

续表

在平直道上重车（考虑 30%超员）紧急制动距离	初速 120 km/h 时，不大于 800 m
	初速 160 km/h 时，不大于 1 400 m
通过最小曲线半径	单车：100 m
	连挂时：145 m
静止状态下车体传热系数（*K* 值）	客室：≤1.11 W/（m^2·K）
轴距	2 500 mm/2 600 mm
轮对内侧距	（1 353±1）mm

寓德于课

“复兴号”总师炼成记：从一无所知到成为高铁领域的领军人物，仅用了 8 年!

300 多项技术文件，10 000 多张产品图样，350 公里的时速，16 辆编组，这一串数字的背后是中国新一代高铁“复兴号”创造的新纪录。

这辆身着金色“腰带”、比以前更长的“复兴号”被人们亲切地称为“大长今”，如今已经疾驰在了京沪线上。

不为人知的是，这辆加长版“复兴号”的总体设计师竟年仅 41 岁（2018 年报道），他就是郭鹞，一个用“工匠精神”打造中国高铁的总体设计师。

然而出乎意料的是，这位身为“复兴号”总体设计师的郭鹞不仅年轻，而且还是“半路出家”，从计算机和航空无线电专业到高速铁路动车组设计，从设计师到领军人物，从零开始的郭鹞仅仅用了 8 年。

2002 年，计算机专业毕业的郭鹞选择了前往乌克兰国立航空大学学习航空无线电技术。在那里，他不仅遇见了一生的伴侣赵巍，也从此开始了与高铁的不解之缘。

2009 年，郭鹞学成归国，与妻子赵巍来到唐山，并成功应聘成为中车唐山机车车辆有限公司的设计师。

从航空踏入铁路，巨大的专业跨度并没有使郭鹞退缩，而是使他踏实稳重地学习进步，摸着石头过河，不懂就问，不会就学。软件、画图、原理，这些难点最终都为郭鹞所掌握。

忙碌，是我们对郭鹞最直观的感受。

“我们研发是面对车间、面对公司各单位、面对路局、面对铁总、面对中车，所以说每天四面八方的任务要工作，铁总的事是排第一，路局的事是排第二，公司内部各单位的事是排第三。”这是郭鹞对自己的工作做出的轻重缓急之分。

高效、专注、一丝不苟都鲜明地体现在了郭鹞身上，他经常告诉自己的团队，设计思路需要不断创新，生产制造需要一丝不苟的工匠精神。

在“复兴号”设计、试验过程中，郭鹞和团队面临着许多技术困难，线路不通、车体超重、车门无法自动关闭，等等。面对这些问题，郭鹞从生活中寻找灵感，打破传统思维，大胆尝试，经过反复试验，最终这些困难都被成功解决。

课后拓学

1. 学习动力集中型动车组的车种类型
2. 学习 CR450 型动车组的特点

任务 2.2　动力集中型动车组检修辅助作业

★ 知识目标

（1）学习 CR200J 型动车组动力车的特点；

（2）学习 CR200J 型动车组司机室布置。

★ 能力目标

（1）掌握接、送车作业的目的和具体接车方式，具备检修库内接、送车的能力；

（2）掌握检修作业的安全防护方法，具备安全防护的能力。

★ 素质目标

（1）高速铁路作为中国的一张“国家名片”，借此培养学生的爱国情怀和深切的民族自豪感，树立民族自信心；

（2）遵守“四必”作业法，能够在检修项目中准确应用“四必”作业法开展作业。

★ 课前自学

本任务的课前自学资料见表 2-8。

表 2-8 课前自学资料

知识补习型	扫码学习 CR200J 型动车组动力车特点
技能补训型	扫码学习“四必”作业法

★ 课前自测

问题 1： CR200J 型动车组动力车有什么特点？

问题 2： 必指、必看、必呼、必画分别是什么意思？

任务导入

通过对检修辅助作业的训练，使学生进一步熟悉检修作业的程序，了解清道作业的目的，掌握接、送车作业的实施方法，学会开展高压电、高空作业安全防护，能够严格遵守“四必”作业法开展检修作业。本任务的任务清单见表 2-9。

表 2-9 任务清单

序号	任务内容	任务要求
1	清道作业的实施	能够详细描述清道作业实施的任务
2	接、送车作业的实施	能够详细描述接、送车作业的流程
3	作业安全防护	（1）能够正确开展供断电操作维护。 （2）能够正确开展登顶作业安全防护。 （3）能够正确插设安全号志、挂设作业牌
4	“四必”作业法	能够严格遵守“四必”作业法开展检修作业

任务实施

本任务的任务实施方案见表 2-10。

表 2-10 任务实施方案

工序/工步	工序/工步名称和内容
1	**清道作业**
1.1	**目视清道** 动车组出、入库前，供、断电监护员对行车股道进行目视清道，确认没有人员作业，没有人员穿行
1.2	**广播清道** 供、断电作业前，供、断电操作员按下“警示”按钮，广播三遍：“各单位请注意，检×道×列位，准备分闸断电/合闸供电，请注意安全。”
1.3	**对讲机清道** 供、断电作业前，对讲机呼叫三遍：“各单位请注意，检×道×列位，准备分闸断电/合闸供电，请注意安全。”
2	**接、送车作业**
2.1	检修班组接、送车人员收到接车通知后，提前 5 min 到达进、出车股道两侧黄线以外指定地点，准备接、送车
2.2	接、送车人员面向来车方向 45° 蹲式接车。在进、出车过程中，听轮对、车下设备和风机运转有无异音；看悬吊件、裙板、外显和指示灯有无异常；手持摄像手电，拍摄动车组车体侧面和走行部部件状态
2.3	接、送车完毕后，向调度汇报接车情况：“检×道×列位，接、送车完毕，接、送车无异常。”
3	**作业安全防护**
3.1	**供、断电操作** （1）监护员、操作员双人到岗，一人监护，一人操作。 （2）供、断电作业结束后，使用验电杆进行接触网验电。 （3）断电作业结束后，挂设接地杆

续表

工序/工步	工序/工步名称和内容
3.2	**插设安全号志、挂设作业牌** （1）检修班组和所有一体化单位，均应在确认接触网已断电、接地杆已挂设、接触网供电显示屏显示无电后，向供电组借领安全号志和无/有电作业绿/红牌。 （2）检修班组在动车组出库方向的头车一位转向架上插设安全号志（红灯），挂设作业绿/红牌。 （3）各一体化单位分别在安全号志上挂设各自的作业绿/红牌
3.3	**车顶作业防护** （1）车顶作业人员须按要求领取登顶卡，进出三层平台必须一人一卡，严禁一卡多人进出三层平台。 （2）车顶作业人员必须按规定挂好安全带、佩戴安全帽、穿好绝缘鞋；升降弓过程中注意联控，切勿与弓接触，以防人身伤害
4	**“四必”作业法**
4.1	必指：手指关键检修项目。 必看：眼睛看向检修设备。 必呼：口呼检修设备名称和状态。 必画：在关键检修设备指定位置标记检修结果。 注意：执行“四必”作业法时，左脚收回并拢直立

制订计划

本任务的任务分配表见表 2-11。

表 2-11　任务分配表

班级		组号		指导教师	
组长		学号			
组员	姓名	学号	姓名	学号	
任务分工					

评价反馈

本任务的任务评价表见表 2-12。

表 2-12 任务评价表

项目名称	评价内容	分值	评价分数		
			自评	互评	师评
职业素养考核项目（40%）	穿戴规范、整洁	6			
	安全意识、责任意识	6			
	积极参加教学活动，按时完成学生工作活页	10			
	团队合作、与人交流	6			
	劳动精神	6			
	企业现场管理 6S 标准	6			
专业能力考核项目（60%）	清道作业	10			
	接、送车作业	10			
	供、断电作业防护	10			
	查设安全号志、挂设作业牌	10			
	车顶作业防护	10			
	“四必”作业法	10			
总分					
总评	自评（20%）+互评（20%）+师评（60%）=	综合等级		教师（签名）：	

知识链接

CR200J 型动车组动力车设备布置

2.2.1 动力车概述

CR200J 型动车组动力车是一台 4 轴动力车。动力车的前端设有一个司机室；中间是机械室，机械室内设有 700 mm 宽的中央通道，通道左右两侧设有主变流装置、通风机、复合冷却器、空气压缩机等电气设备。车体下设有两台 2 轴的转向架和主变压器。顶盖上设有受电弓和避雷器。车内设备布置以平面斜对称布置为主，设备成套安装，有利于动力车的质量分配及动力车的制造、检修和部件的互换。动力车整体外观和设备布置见图 2-23。

图 2-23　动力车整体外观和设备布置

2.2.2　主要技术参数

主要技术参数见表 2-13。

表 2-13　主要技术参数

工作电压	25 kV/50 Hz，最低值 17.5 kV，最高值 31 kV，额定值 25 kV
轨距	1 435 mm
轴重	19.5 t
轴式	B_0—B_0
动力车轮周牵引功率	≥5 600 kW（持续制）
	≥6 400 kW（半小时）
动力车轮周电制动功率	≥5 600 kW（持续制）

2.2.3　车顶设备布置

每台动力车设有三块顶盖。第Ⅰ和第Ⅲ块顶盖上布置有受电弓、支撑绝缘子、避雷器和高压电缆穿墙套管，避雷器底部和高压电缆穿墙套管上部和下部采用绝缘防护，能够有效防止污闪。第Ⅰ块顶盖上还设有天线安装预留座。第Ⅱ块顶盖上设有受电弓摄像头、LKJ 车载三合一天线、北斗天线、3G 天线和活动天窗，活动天窗用于登上车顶进行检修作业（为确保安全，天窗设置钥匙联锁装置）。车顶设备布置见图 2-24。

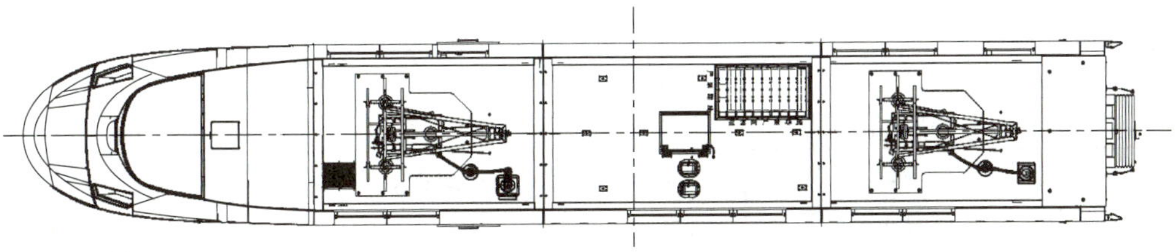

图 2-24　车顶设备布置

2.2.4 设备间布置

设备间布置有以下设备：牵引通风机、牵引变流器、主冷却塔、辅助变压器柜、低压柜、6A 系统柜、通信信号柜、制动柜、压缩机、干燥器、工具柜、复轨器、控制电源柜、总风缸、空调主机、蓄电池柜、列车供电柜和其他辅助设施。设备间布置见图 2–25。

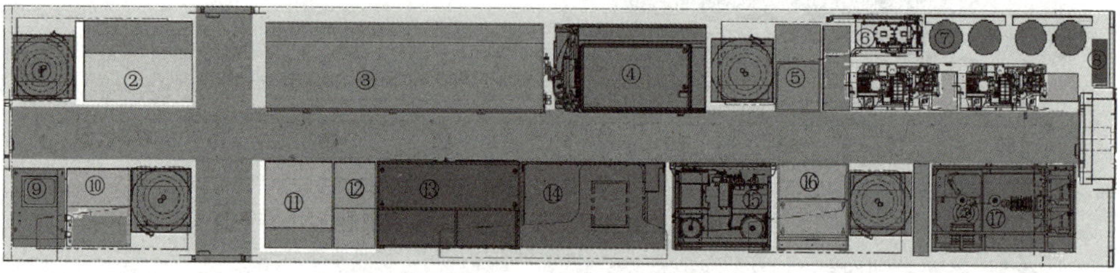

① 牵引通风机；② 通信信号柜；③ 牵引通风机；④ 冷却塔；⑤ 6A系统柜；⑥ 主压缩机及干燥器；⑦ 总风缸；⑧ 后墙端子柜；⑨ 空调；⑩ 工具柜；⑪ 列车供电柜；⑫ 控制电源柜；⑬ 低压柜；⑭ 辅助变压器柜；⑮ 制动柜；⑯ 蓄电池柜；⑰ 网侧柜及复轨器

图 2–25　设备间布置

注：中车大连机车车辆有限公司制造的动车组的方案与以上布置内容基本相同，位置略有差异。

2.2.5 车下设备布置

车下设备布置见表 2–14。

表 2–14　车下设备布置

序号	设备	数量	序号	设备	数量
1	B_0 转向架	2 个	4	FSK 天线	2 个
2	牵引变压器	1 个	5	BTM 天线	1 个
3	软风道	4 个	6	电子标签	1 个

2.2.6 车外辅助设备布置

车外辅助设备布置见表 2–15。

表 2–15　车外辅助设备布置

序号	设备	数量	序号	设备	数量
1	标志/辅照灯	1 套	6	车底灯	4 个
2	前照灯	1 套	7	刮雨器、水箱及加水口	1 套
3	排障器	1 个	8	砂箱、加砂口及撒砂装置	4 套
4	入口门扶手杆	2 套	9	尾灯	1 个
5	插座安装（辅/控制电路库用插座、车端插座）				

2.2.7　司机室布置

每节机车在前端设有单司机室，整个司机室布置和设计经过人机工程优化，并进行降噪处理。司机室内宽敞明亮，司机能够方便地接近司机室内的每一个区域。司机室两侧各设有一个可打开的侧窗，后墙中部设有通向机械间的门。整个司机室分为操纵台设备布置区、后墙设备布置区、顶盖设备布置区、侧墙设备布置区、前墙设备布置区共五个部分。司机室整体布局见图 2–26，下面分区介绍各区域的设备布置。

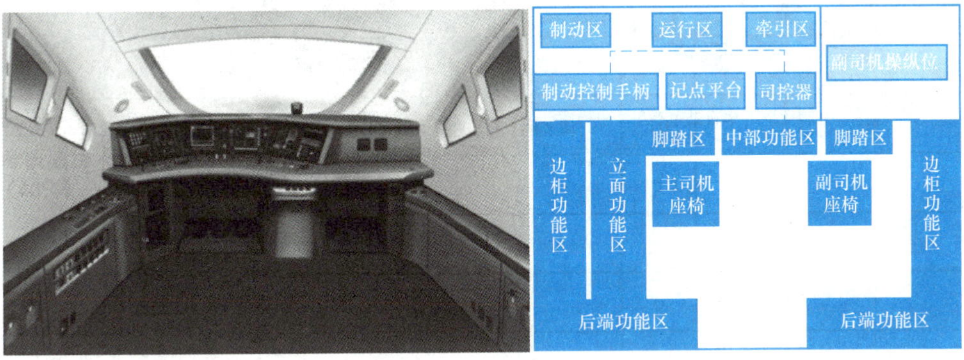

图 2–26　司机室整体布局

1. 平面布局——仪表座

司机室仪表座从左至右分别为 6A 显示屏、司机室显示单元 2、监控显示屏、阅读灯、紧急制动按钮、乘务员状态预警提示模块、拾音器、CTCS–2 显示屏、门关闭指示灯、紧急牵引故障指示灯、司机室显示单元 1、CIR 电台的 MMI 显示终端，见图 2–27。其中，司机室显示单元 1 和 2 实现功能合屏，可以进行相互冗余使用。

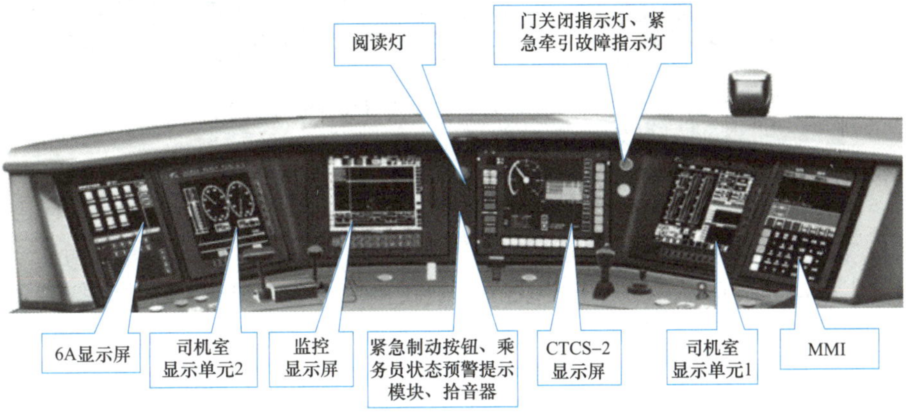

图 2–27　司机室仪表座布置

2. 平面布局——台面板

司机室台面板从左至右分别为后备制动阀、蜂鸣器、高音风笛、左门控制等按钮、制动控制器、半自动过分相按钮、扳键开关（主断路器、受电弓、空压机）、牵引模式按钮、司机控制器、扳键开关（前照灯、司机室灯、辅照灯）、右门控制按钮、司机警惕按钮、高音风笛按钮、送受话器。中柜顶部布置了刮雨器控制开关、空调风速控制开关、遮阳帘控制开关等。司机室台面板布置见图 2-28。

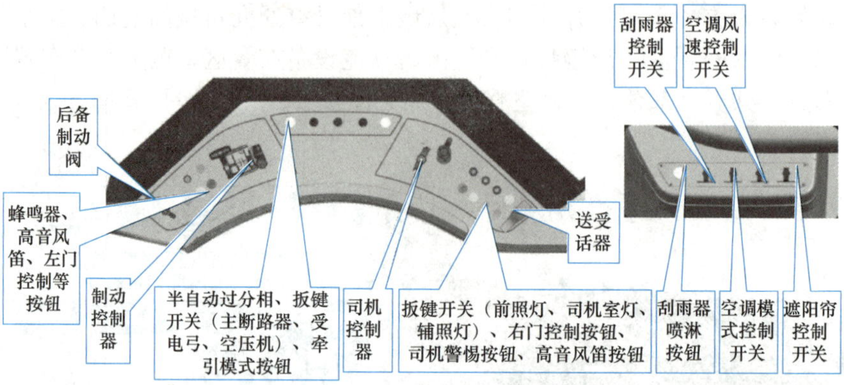

图 2-28　司机室台面板布置

3. 平面布局——副台、右边柜

副台布置有笔记本、手机专用插座、以太网调试端口、高音风笛按钮、记点灯。右边柜功能区布置有一些辅助设备（茶杯托、烟灰盒、地脚灯、行灯插座、灭火器等）。副台、右边柜布置见图 2-29。

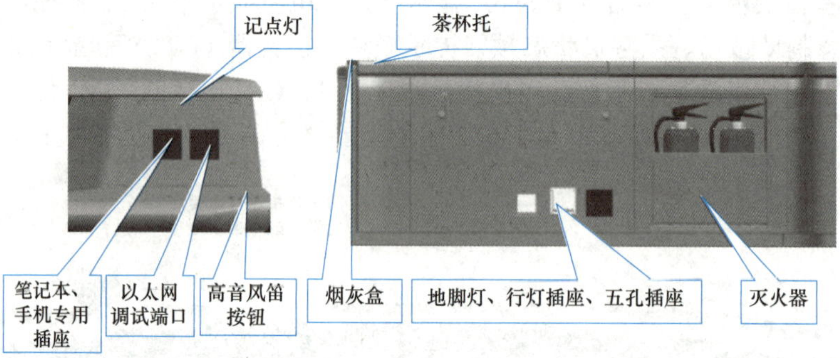

图 2-29　副台、右边柜布置

4. 平面布局——左边柜

左边柜功能区布置有网压表、控制电压表、制动缸压力表、总风/列车管压力表、后备均衡压力表、茶杯托、紧急放风阀、开关面板 1、开关面板 2 等。左边柜立面上布置有烟灰盒、打印机及外部扬声器、重联电话。左边柜布置见图 2-30。

5. 平面布局——后端墙

司机室后端墙布置有后墙座椅、衣帽钩、暖风机等设备，见图 2-31。

6. 平面布局——司机室顶部

司机室顶部布置有 2 个司机室灯、2 个风扇、1 个感烟探头、1 个感温探头、1 个摄像头等设备，见图 2-32。

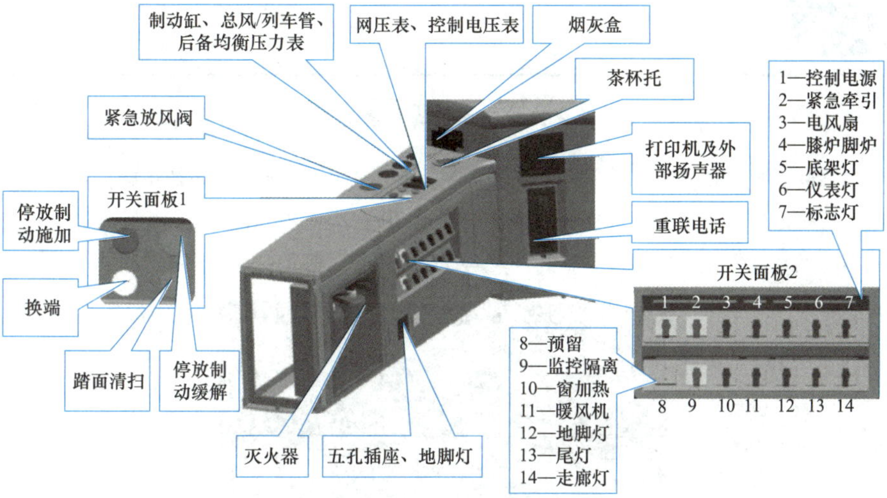

图 2-30　左边柜布置

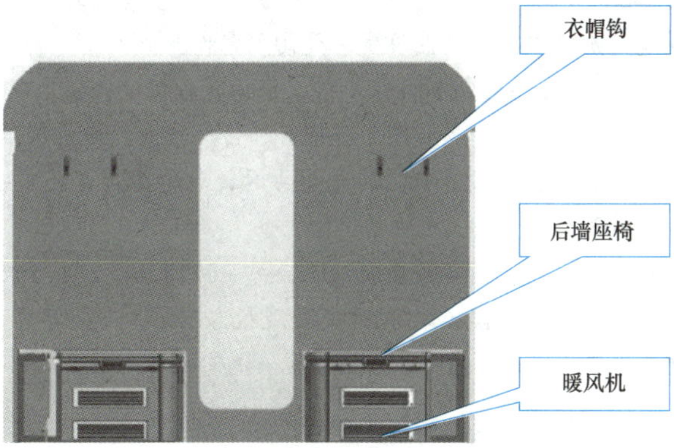

图 2-31　司机室后端墙布置

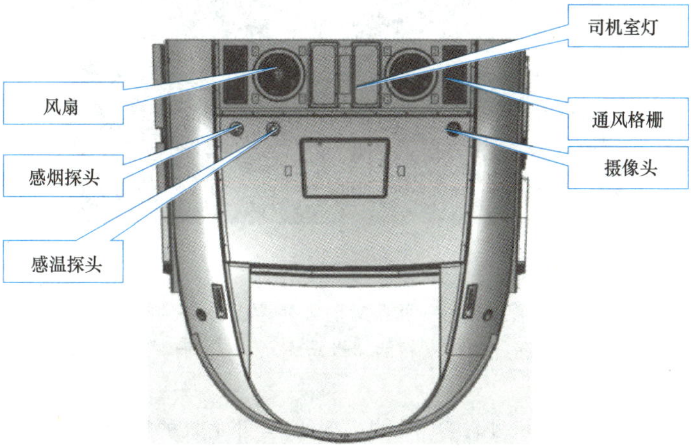

图 2-32　司机室顶部布置

寓德于课

春夜，检修库里的“慢功夫”

夜幕降临，晚风轻拂黄河南岸的“中原陆地航母”星星点点如弹夹中的子弹，齐刷刷停放着动车组，所有感官正享受着春夜特有的静谧。19 时 30 分，一列“金凤凰”缓缓驶进郑州动车段检修库内。从白天的“飞速驰骋”切换成晚上的“慢动作”时空，一切都像是慢了下来。

20 时许，“无电”绿色指示灯亮起，“复兴号”一级修二组的 4 名动车组机械师，装好对讲机、背上斜挎工具包分别走向各自作业位置，开始无电作业。

“现在准备升弓！”1 号位机械师张卓静，手指轻轻按动按钮，一边注视着 HMI 屏，一边通过对讲机与车顶的 2 号位机械师赵林阳紧密配合、协同作业。对讲机里的声音此起彼伏，张卓静吐字清晰、铿锵有力，像抽象的花朵。传送出去时，无论是声音还是手势，只要“慢下来”，便使人多了一份沉着冷静。

张卓静在司机室内进行着各种功能试验，另一边的 3 号、4 号位机械师张涛涛和刘卓勋已经在检修地沟中开启“暴走”模式。“闸片托外观状态良好，安装牢固。”“轮对踏面状态良好。”关键部位，不光要用眼看，还要用手指、用嘴说，他们一前一后，严格执行着**“必指、必看、必呼、必画”——“四必”作业法**。

一小时内要巡查完 8 节车厢，检查车底上万个零部件，时间紧，任务重，不是套话。但他们对待每一个螺栓都是同样的严谨细致、一丝不苟。窗外春光再美，他们也从没有浮光掠影和走马观花。对于机械师而言，要想练就精益求精的“慢功夫”，离不开一双“跑不慢”的腿和一张“说不累”的嘴。

21 时许，无电作业结束。一小时内，车内、车顶、车下的机械师，都分别使出了自己的“慢功夫”。他们的“慢”是精益求精、执着专注，速度虽然放慢了，但激情和干劲始终丝毫未减。

次日清晨，迎着朝阳，检修完毕的“复兴号”驶出检修库，载着动车组机械师匠心满满的“慢功夫”，自信驰骋，一路向前。

课后拓学

1. 学习动力集中型动车组拖车的组成和特点
2. 学习动力集中型动车组控制车的组成和特点

项目 3　受电弓的维护与检修

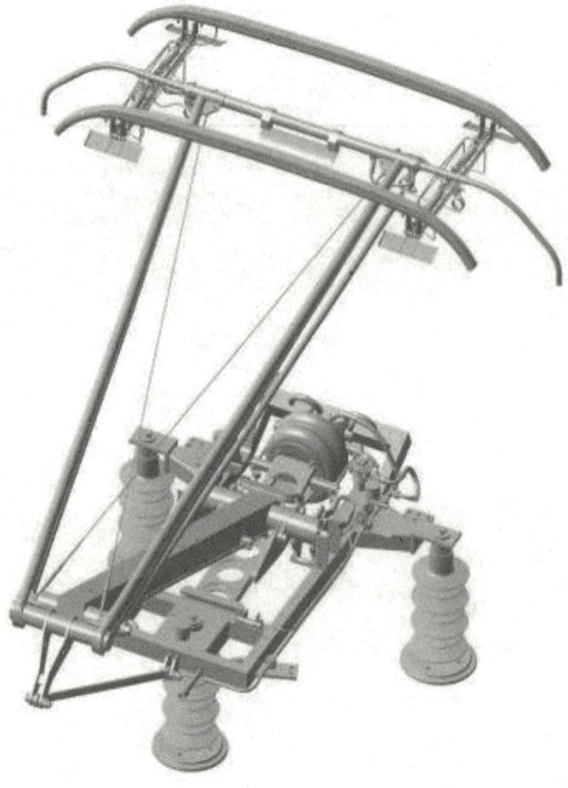

任务 3.1　受电弓的外观检查

★ 知识目标

（1）学习 CR200J 型动车组受电弓的基本结构；

（2）了解 CR200J 型动车组受电弓的组成部分及其功能，包括弓头、框架、气囊、阻尼器、升弓装置等；

（3）学习 CR200J 型动车组受电弓的技术参数。

★ 能力目标

（1）掌握受电弓碳滑板厚度测量方法，能够正确判断碳滑板剩余厚度是否超限；

（2）学会使用测量工具（如游标卡尺）对碳滑板厚度进行测量，并根据技术标准判断是否需要更换。

★ 素质目标

（1）培养学生秉持安全至上、追求卓越品质、勇于创新、致力于铁路发展以兴国强国的新时代铁路精神；

（2）引导学生树立安全意识，培养对工作精益求精的态度，激发创新思维，增强服务铁路事业的责任感和使命感；

（3）通过实践训练，强化学生在受电弓检修中的规范操作意识，提升其细致、严谨的工作作风，确保检修质量。

★ 课前自学

本任务的课前自学资料见表 3-1。

表 3-1　课前自学资料

知识补习型	扫码了解受电弓的发展、分类、作用
技能补训型	扫码学习游标卡尺的使用

★ 课前自测

问题 1：受电弓有哪些主要组成部分？有哪些分类？

问题 2：游标卡尺的使用方法是什么？

任务导入

结合受电弓的组成和技术参数，通过受电弓的外观检查，使学生进一步掌握受电弓的结构组成和常见故障现象，了解受电弓的外观检查工艺流程，强化学生对受电弓基本参数的测量能力和对常见故障的判断能力。本任务的任务清单见表 3-2。

表 3-2　任务清单

序号	任务内容	任务要求
1	受电弓结构	能够详细描述受电弓各部分结构组成和作用
2	受电弓外观检查	能够根据受电弓外观检查工艺方案，正确判断常见故障
3	碳滑板厚度测量	能够正确使用游标卡尺进行碳滑板厚度测量，并判断碳滑板剩余厚度是否超限

任务实施

本任务的任务实施方案见表 3-3。

表 3-3　任务实施方案

工序/工步	工序/工步名称和内容
1	**受电弓静态检查**
1.1	受电弓底架、阻尼器、升弓装置、上臂、上导杆、下臂、下导杆、弓装配、绝缘软管外观和状态应良好，升弓装置胶囊无裂损
1.2	（1）受电弓弓头和支架无变形、裂损。 （2）手动按压弓头平衡弹簧，状态应良好。 （3）弓角、翼片安装牢固，外观无变形、裂损，弓角弹簧和拉杆无折损
1.3	（1）升弓气囊装置无裂损，气路连接软管、绝缘软管连接良好且清洁。 （2）受电弓自动降弓装置（automatic dropping device，ADD）外观状态良好，ADD 快速降弓阀、试验阀位置正确，扎带无断开、丢失。 （3）在气囊无气状态下观察，有下列情况之一则更换： ① 可见内部帘布层； ② 气囊龟裂深度＞1.2 mm 且长度＞25 mm

续表

工序/工步	工序/工步名称和内容
1.4	软铜编织线外观应完整，连接无松动、抗磨、磨损，无反装、错装，断股不超过 10%
1.5	注油嘴帽外观状态应良好，无油污、灰尘，无缺失、破裂
1.6	升降弓试验时，检查各关节转动情况，应灵活、无卡滞
1.7	检查受电弓翼片，角度应正确，无松动
1.8	检测碳滑板，应无裂纹、掉块，托顶面平整
2	**碳滑板检查和厚度测量**
2.1	分别对碳滑板磨耗区的最薄处进行厚度测量（图 3-1），测量从碳滑板铝托架底面开始。受电弓碳滑板外观状态应良好，限度符合以下要求： （1）磨耗不到限（碳滑板剩余厚度≥27 mm，从铝托架底面起测）。 （2）两条碳滑板剩余厚度差≤3 mm。 （3）侧面裂纹：无贯穿至铝托架的侧面裂纹。 （4）上表面裂纹：无纵向贯穿性裂纹，无裂到碳滑板边缘且宽度>0.3 mm 的横向裂纹，摩擦区不超过 3 条以上裂纹。 （5）碳滑板基座表面孔洞直径≤2 mm。 （6）边缘掉块占宽度的比例应≤40%。 （7）接头或接缝处无漏气。 （8）碳滑板无断裂，碳滑板基座无断裂。 提示：碳滑板表面裂纹（图 3-2）会导致漏气，使受电弓无法正常升起。  图 3-1　碳滑板厚度测量  图 3-2　碳滑板表面裂纹

制订计划

本任务的任务分配表见表 3-4。

表 3-4　任务分配表

<table>
<tr><td>班级</td><td></td><td>组号</td><td></td><td>指导教师</td><td></td></tr>
<tr><td>组长</td><td></td><td>学号</td><td colspan="3"></td></tr>
<tr><td rowspan="6">组员</td><td>姓名</td><td>学号</td><td>姓名</td><td colspan="2">学号</td></tr>
<tr><td></td><td></td><td></td><td colspan="2"></td></tr>
<tr><td></td><td></td><td></td><td colspan="2"></td></tr>
<tr><td></td><td></td><td></td><td colspan="2"></td></tr>
<tr><td></td><td></td><td></td><td colspan="2"></td></tr>
<tr><td></td><td></td><td></td><td colspan="2"></td></tr>
<tr><td colspan="6">任务分工</td></tr>
<tr><td colspan="6"></td></tr>
</table>

评价反馈

本任务的任务评价表见表 3-5。

表 3-5　任务评价表

项目名称	评价内容	分值	评价分数		
			自评	互评	师评
职业素养考核项目（40%）	穿戴规范、整洁	8			
	安全意识、责任意识	8			
	团队合作、与人交流	8			
	劳动精神	8			
	企业现场管理 6S 标准	8			
专业能力考核项目（60%）	受电弓静态检查	10			
	碳滑板厚度测量	10			
	碳滑板检查	10			

续表

项目名称	评价内容	分值	评价分数		
			自评	互评	师评
专业能力考核项目（60%）	受电弓的结构组成描述	10			
	受电弓的技术参数描述	10			
	受电弓的作用描述	10			
总分					
总评	自评（20%）+互评（20%）+师评（60%）=	综合等级		教师（签名）：	

知识链接

受电弓的结构和主要技术参数

3.1.1　受电弓概述

受电弓是一种铰接式的机械构件，通过绝缘子安装于电力机车车顶。受电弓的集电头升起后，与接触线接触，从接触网上集取电流，并将其通过车顶母线传送到车内供机车使用。

3.1.2　受电弓的结构

受电弓结构见图 3-3，主要由弓头组装、上框架组装、下臂杆组装、铰接电流连接组装、拉杆组装、平衡杆组装、阻尼器组装、底架组装、气囊组装、绝缘子组装、底架电流连接组装、弓头电流连接组装等部分组成。

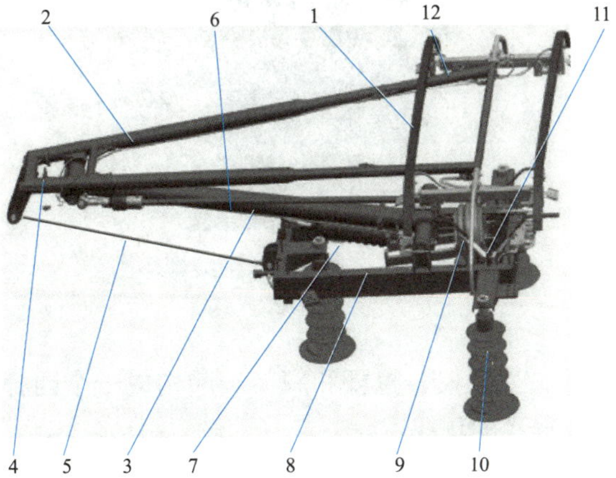

1—弓头组装；2—上框架组装；3—下臂杆组装；4—铰接电流连接组装；5—拉杆组装；
6—平衡杆组装；7—阻尼器组装；8—底架组装；9—气囊组装；10—绝缘子组装；
11—底架电流连接组装；12—弓头电流连接组装

图 3-3　受电弓结构

1. 底架

底架结构见图 3-4，由方形钢管焊接而成，在连接处紧密密封焊接。底架主要包括下臂杆、拉杆、阻尼器的轴承支架、气囊的安装支撑架、支撑上框架和弓头的橡胶止挡等。此外，还留有电气连接的接线端，接线端由不锈钢制作而成。

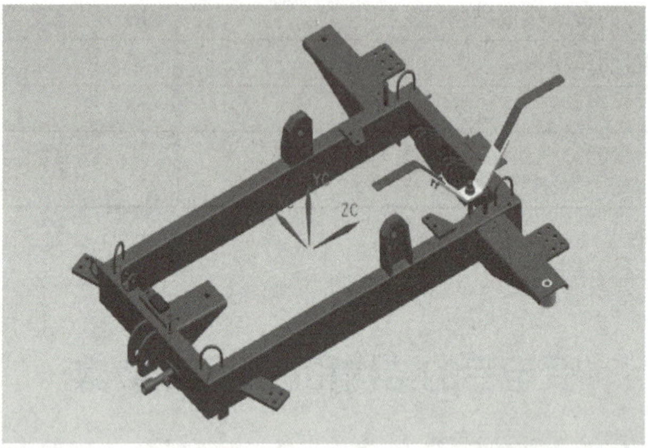

图 3-4　底架结构

2. 支持绝缘子

支持绝缘子结构见图 3-5，用来支持受电弓，保证受电弓和底板之间所要求的电气间隙和爬电距离。受电弓通过 3 个支持绝缘子安装于列车车顶，支持绝缘子起到电气绝缘和机械连接作用，安装尺寸为 1 100 mm×800 mm。

图 3-5　支持绝缘子结构

3. 铰链系统

铰链系统由下臂杆、上框架、拉杆和底架一起构成一个四杆机构。上框架顶管的运动轨迹近似为一条垂直的直线。

1）下臂杆

下臂杆由无缝钢管在连接处密封焊接而成，包括底架轴承管和肘接轴承管的主轴承。轴承被密封且终身润滑。底架轴承管上设有连接升弓气囊装置和阻尼器的接口。下臂杆组装结构型式见图 3-6。

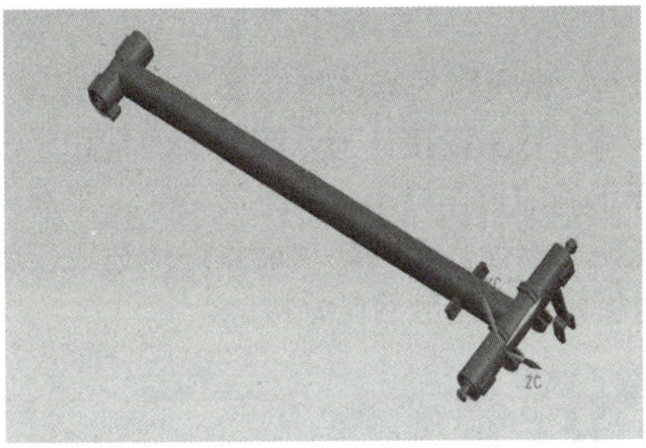

图 3-6 下臂杆组装结构型式

2）上框架

上框架由铝变径管、顶管、直管等相互组焊而成，通过两个夹板与拉杆的端环轴承连接起来。顶管内压装了自润滑工程塑料轴承，用于支撑弓头的转轴。上框架有两个交叉的细拉杆，用于增加上框架横向刚度。上框架组装结构型式见图 3-7。

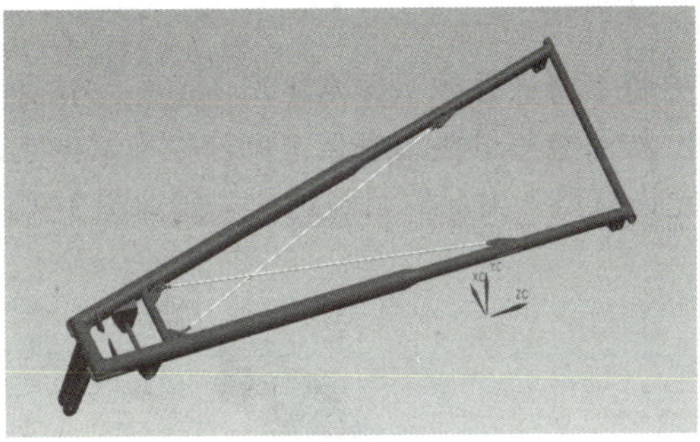

图 3-7 上框架组装结构型式

3）拉杆

拉杆与底架、下臂杆、上框架组成四杆机构，通过两端的调整螺母，可以调节拉杆的长度，用以调整几何结构（补偿误差）。这种调整要在制造工厂或者在铁路的主要修理工厂由受过培训的人员进行。拉杆组装结构型式见图 3-8。

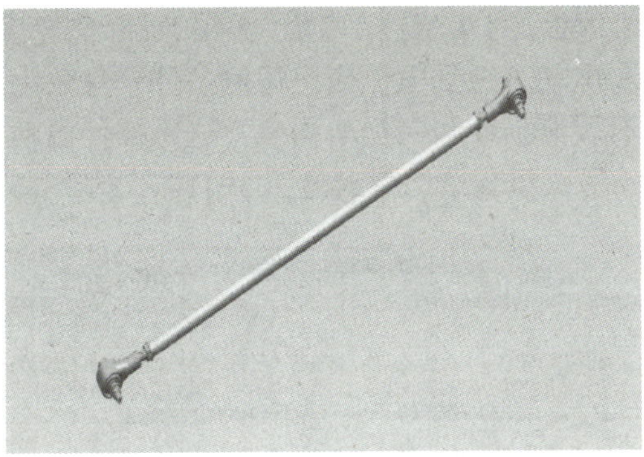

图 3-8 拉杆组装结构型式

4. 平衡杆

平衡杆由螺纹活接头、液压阻尼器、防尘套、直管组焊等组成，如图 3-9 所示。平衡杆带有阻尼器的一端与弓头铰接，另一端与下臂杆相连。正常运行时，弓头将通过接触线使其保持在正确的工作姿态。在升降弓时，平衡杆保持弓头的水平，避免出现倾覆。小型液压阻尼器使弓头的转动能很好地适应接触线高度的连续变化，使受电弓的两根接触滑板始终与接触网良好接触。

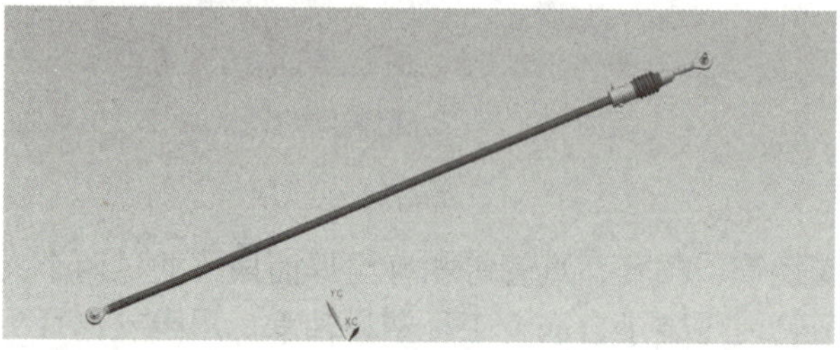

图 3-9　平衡杆组装结构型式

5. 阻尼器

阻尼器安装在底架和下臂杆之间，异常工况下受电弓快速紧急降弓时，在靠近落弓位置会产生缓冲，从而避免弓头与底架之间产生有害冲击。阻尼器在受电弓出厂时已经设定好，不允许调整。阻尼器组装结构型式见图 3-10。

图 3-10　阻尼器组装结构型式

6. 弓头组装

弓头组装包括接触滑板、弓头悬挂、弓角、转轴等。弓头轮廓符合 UIC 608—2003 国际联运用电力机车和电动车组受电弓应遵循的条件。弓角为绝缘材料。碳滑板为纯碳滑板，由导电的石墨磨损件和铝托架构成。这两部件由粘接工艺连接。弓头悬挂采用二级片簧结构。弓头组装结构型式见图 3-11。

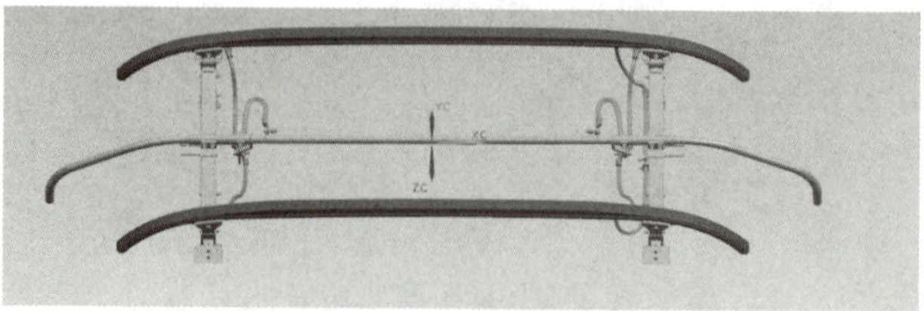

图 3-11　弓头组装结构型式

1）碳滑板

每条接触滑板都是由接触滑条和铝托架粘接组成的，滑条内部布置有铜管气道。

2）弓头悬挂装置

弓头悬挂装置包括导向单元、板簧 297、板簧 89、支板、滑板连接座等部分。滑板连接座用于安装和支撑碳滑板，支板分别与板簧 297、导向单元铰接。当受电弓受到幅度较小的振动冲击时，依靠板簧 297 的弹性吸收弓网冲击振动；当受电弓受到幅度较大的振动冲击时，板簧 297 和板簧 89 同时吸收弓网冲击振动。导向单元的长度可通过其自身的双头螺杆调节，以保证碳滑板接触面的水平度。弓头悬挂剖视图见图 3-12。

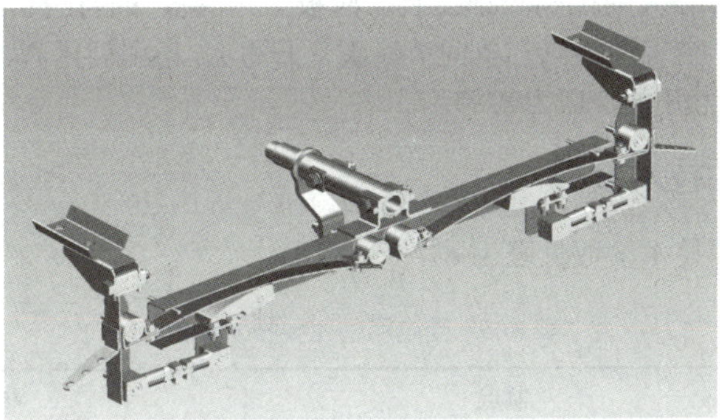

图 3-12　弓头悬挂剖视图

3）弓角

弓头两端向下倾斜的弓角可以阻止受电弓发生钻弓现象。在正常环境下，接触网在受电弓的滑板范围之内运动。在过线岔时，弓角起过渡作用。

7. 升弓气囊装置

受电弓升弓时所需的升弓转矩和升起后与接触线间的接触压力，由充满压缩空气的气囊、与气囊连接并被拉伸的钢丝绳和焊接在下臂杆上的扇形调整板产生。气体压力由误差为±0.001 bar（1 bar=0.1 MPa=100 kPa）的高精度调压阀来控制，要求的接触压力通过调压阀可以方便地进行调整。升弓气囊装置结构型式见图 3-13。

图 3-13　升弓气囊装置结构型式

8. 自动降弓装置

自动降弓装置与带气道的滑板组成的自动降弓系统，可以监测滑板的运用状况。当滑板过度磨损或破坏时，该装置使受电弓迅速脱离接触网，将对受电弓和接触网的破坏降到最低。当发生滑板破裂等故障时，受电弓气路中的压缩空气经由自动降弓装置上的快排阀排向大气，受电弓靠自重降下，同时气阀板压力开关输出电信号。

自动降弓装置的气路有两条支路：一条支路由自动降弓装置引出后，沿着底架、下臂杆、上框架和弓头直到滑板；另一条支路由快排阀引出后，沿着底架、受电弓绝缘气管、车顶管道直到车内气阀板的压力开关。

9. 阀板

所有与受电弓有关的控制阀都组装在阀板上，阀板安装在机车机械室内。阀板主要包括电控阀、空气过滤阀、单向节流阀（升弓）、精密调压阀、安全阀、单向节流阀（降弓）、压力开关、压力表等。

3.1.3 受电弓的技术参数

受电弓的主要技术参数见表 3–6。

表 3–6　受电弓的主要技术参数

序号	项点	参数
1	额定电压/kV（AC）	25
2	电压范围/kV（AC）	19～31.5
3	额定工作电流/A	700
4	落弓位最小工作高度/mm	300
5	落弓位最大工作高度/mm	2 400
6	最大升弓高度/mm	≥2 500
7	标称静态接触压力/N	70±10
8	弓头长度/mm	1 950±10
9	弓头高度/mm	368±10
10	弓头宽度/mm	597±5
11	碳滑板材料	纯碳
12	碳滑板长度/mm	$1\,576^{+5}_{-10}$
13	额定运行速度/（km/h）	250
14	额定工作压力/kPa	550
15	最大工作压力/kPa	1 000
16	降弓保持力/N	≥150
17	环境温度/℃	−40～+70

续表

序号	项点	参数
18	不带绝缘子折叠高度/mm	270^{+8}_{-10}
19	升弓时间/s	6～10（可调）
20	降弓时间/s	≤6（可调）
21	总质量（含绝缘子）/kg	≤140
22	安装尺寸/mm	1 100×（800±1）
23	气路接口	G1/2″

寓德于课

安全无小事　责任重于山

1. 事故案例

某机务段司机在升弓完毕后，未将压缩机扳钮闭合，导致机车无风源补充总风压力，受电弓因压力降低而离开接触网，发生拉弧并烧断接触线。此事故案例表明，司机在操作过程中，未遵循标准流程，导致受电弓无法保持正常状态。

2. 事故经过

司机在升弓完毕后，未按照标准操作流程将压缩机扳钮闭合。这一疏忽导致机车无法从风源补充总风压力，随着时间的推移，总风压力逐渐降低。由于压力不足，受电弓无法保持与接触网的稳定接触，进而离开接触网并发生拉弧现象。拉弧产生的高温迅速烧断了接触线，造成了严重的设备损坏和潜在的运营风险。

3. 操作失误分析

（1）未遵循标准流程。电力机车升弓作业有严格的操作流程，其中包括在升弓后闭合压缩机扳钮以确保总风压力的稳定。司机未执行这一关键步骤，是导致后续问题的直接原因。

（2）安全意识不足。司机在操作过程中，可能缺乏足够的安全意识，未能充分认识到每个操作步骤的重要性。这种疏忽可能导致严重的后果，包括设备损坏、运营中断，甚至人身伤害。

（3）技能水平有待提升。司机的操作失误可能也反映出其技能水平存在不足。对于电力机车的操作和维护，司机需要具备扎实的专业知识和丰富的实践经验。

4. 后果与影响

（1）设备损坏。受电弓和接触线的损坏不仅影响了机车的正常运行，还增加了维修成本和时间。

（2）运营风险。设备故障可能导致列车晚点或停运，对铁路运营造成不利影响。此外，故障还可能引发连锁反应，进一步加剧运营风险。

（3）人员安全。虽然此案例未直接造成人员伤亡，但设备故障和运营中断可能对乘客和员工的安全构成潜在威胁。

课后拓学

学习受电弓碳滑板厚度磨耗超限的处理方法

任务 3.2 受电弓的功能调试与静态试验

★ 知识目标

（1）学习 CR200J 型动车组受电弓升、降弓工作原理；

（2）了解受电弓升、降弓的动力来源（如气囊或气缸驱动），掌握升、降弓的机械传动过程和控制逻辑；

（3）学习 CR200J 型动车组受电弓的电流连接方式。

★ 能力目标

（1）掌握受电弓静态接触压力测定和调整流程；

（2）学会使用专用工具测量受电弓与接触网之间的静态接触压力，并根据标准值进行调整，确保压力符合技术要求；

（3）了解自动降弓装置（ADD）的工作原理，熟悉 ADD 阀的功能和试验方法，能够正确操作并判断其工作状态是否正常。

★ 素质目标

（1）培养学生秉持安全至上、追求卓越品质、勇于创新、致力于铁路发展以兴国强国的新时代铁路精神；

（2）引导学生树立安全第一的理念，培养追求卓越、勇于创新的职业态度，增强服务铁路事业的责任感和使命感。

★ 课前自学

本任务的课前自学资料见表 3-7。

表 3-7　课前自学资料

知识补习型	扫码了解受电弓的升、降弓原理
技能补训型	扫码了解受电弓调试过程

★ 课前自测

问题 1：受电弓升、降弓的原理是什么？

问题 2：受电弓是如何调试的？

任务导入

通过受电弓升、降弓时间和静态接触压力测定，使学生进一步掌握受电弓的工作原理，熟悉受电弓调试流程和注意事项，强化学生的受电弓功能测定和参数调整能力。通过受电弓升、降弓试验、气密性试验和 ADD 阀试验，使学生进一步掌握受电弓的气路原理和自动降弓原理，熟悉受电弓各项试验的流程和注意事项，增强学生对受电弓工作状态合格性的判断能力。本任务的任务清单见表 3-8。

表 3-8　任务清单

序号	任务内容	任务要求
1	受电弓工作原理和自动降弓原理	能够详细描述受电弓的工作原理和自动降弓原理
2	受电弓升、降弓时间调试	能够设计受电弓升、降弓时间调试工艺方案，依据方案对受电弓开展升、降弓时间测定，并能正确调整时间至合格范围
3	受电弓静态接触压力调试	能够设计受电弓静态接触压力调试工艺方案，依据方案对受电弓开展静态接触压力测定，并能正确调整静态接触压力至合格范围
4	受电弓气密性试验工艺	能够设计受电弓气密性试验工艺方案，并依据方案对受电弓开展气密性判断

任务实施

本任务的任务实施方案见表 3-9。

表 3-9　任务实施方案

工序/工步	工序/工步名称和内容
1	**受电弓升、降弓时间调试**
1.1	设置或校核升弓时间前，将操纵台受电弓扳键开关打到“升弓”位
1.2	测定升弓时间：升弓时，从弓头动作开始计时，自落弓位升至碳滑板完全与接触网密贴后停止计时。升弓应不引起有损害的冲击。 升弓时间：6～10 s
1.3	可使用气源控制阀组升弓节流阀调节升弓速度，顺时针旋转增加升弓时间，逆时针旋转减少升弓时间
1.4	设置或校核降弓时间前，将操纵台受电弓扳键开关打到“降弓”位
1.5	测定降弓时间：降弓时，从弓头动作开始计时，降至落弓位停止计时。 降弓时间：≤6 s
1.6	可使用气源控制阀组降弓节流阀调节降弓速度，顺时针旋转增加降弓时间，逆时针旋转减少降弓时间
1.7	检测记录：记录实测的升、降弓时间
2	**受电弓静态接触压力调试**
2.1	将底座 ADD 关闭阀打到“关闭”位
2.2	松开气源控制阀组调压阀锁紧螺母，用弹簧秤人为调整受电弓滑板下降位置，使之与平置位置之间的测量高度为 1.6 m
2.3	通过弹簧秤缓慢匀速将受电弓向下拉约 50 cm，下拉过程中，记录弹簧秤拉力数值；然后稍微减小弹簧秤拉力，使受电弓匀速升高 50 cm，记录弹簧秤拉力数值。两次测量的平均值，即为受电弓静态接触压力

续表

工序/工步	工序/工步名称和内容
2.4	将受电弓静态接触压力调整到（70±10）N；通过调压阀旋钮，进行调触压力调节；按照调压阀手柄“+”“−”箭头方向，对受电弓静态接触压力进行调整，直至弹簧秤测量值符合标准技术要求
2.5	拧紧调压阀旋钮和锁紧螺母
2.6	将 ADD 关闭阀打到“打开”位
2.7	检测记录：记录实测的静态接触压力
3	**升、降弓试验**
3.1	升弓
3.2	（1）观察升弓过程中有无卡滞、弹弓现象。 （2）升弓后，检查各风管管路、气路连接有无漏风。 （3）升弓后，观察碳滑板中心与接触网是否均已接触，有无偏磨或边缘虚接现象
3.3	用手将受电弓下拉（不少于 200 mm）后缓慢释放，受电弓应能正常归位，无迟缓现象
4	**气密性试验**
4.1	检查碳滑板、升弓气囊装置、ADD 阀、试验阀、各橡胶（金属）风管和管接头有无裂纹、破损
4.2	在碳滑板、升弓气囊装置、ADD 阀、试验阀、各橡胶（金属）风管和管接头上喷试漏剂，确认各部件有无漏风
5	**ADD 阀试验**
5.1	在操纵台将受电弓扳键开关打到“升弓”位
5.2	如果自动降弓装置的开关都在其初始位置，即关闭阀在“打开”位，试验阀在“运转”位，并且接触线和滑板接触良好，则气囊工作时，气压会明显升高
5.3	（1）将试验阀打到“试验”位，受电弓应能快速下降。 （2）将试验阀再打到“运行”位后，当操纵台上的受电弓扳键开关打到“降弓”位时，升弓装置应能通过受电弓电控阀排气，实现降弓（“降弓”位）
5.4	试验完毕，将固定扎带绑扎牢固

制订计划

本任务的任务分配表见表 3-10。

表 3-10 任务分配表

<table>
<tr><td>班级</td><td></td><td>组号</td><td></td><td>指导教师</td><td></td></tr>
<tr><td>组长</td><td></td><td>学号</td><td colspan="3"></td></tr>
<tr><td>组员</td><td colspan="5">
<table>
<tr><td>姓名</td><td>学号</td><td>姓名</td><td>学号</td></tr>
<tr><td></td><td></td><td></td><td></td></tr>
<tr><td></td><td></td><td></td><td></td></tr>
<tr><td></td><td></td><td></td><td></td></tr>
<tr><td></td><td></td><td></td><td></td></tr>
<tr><td></td><td></td><td></td><td></td></tr>
</table>
</td></tr>
<tr><td colspan="6">任务分工</td></tr>
<tr><td colspan="6"></td></tr>
</table>

评价反馈

本任务的任务评价表见表 3-11。

表 3-11 任务评价表

项目名称	评价内容	分值	评价分数		
			自评	互评	师评
职业素养考核项目（40%）	穿戴规范、整洁	8			
	安全意识、责任意识	8			
	团队合作、与人交流	8			
	工完、料净、场地清	8			
	企业现场管理 6S 标准	8			
专业能力考核项目（60%）	受电弓升、降弓时间调试	10			
	受电弓静态接触压力调试	10			
	升、降弓试验	10			

续表

项目名称	评价内容	分值	评价分数		
			自评	互评	师评
专业能力考核项目（60%）	气密性试验	10			
	ADD 阀试验	10			
	受电弓的工作原理	10			
总分					
总评	自评（20%）+互评（20%）+师评（60%）=	综合等级		教师（签名）:	

知识链接

受电弓的工作原理

3.2.1　受电弓的电气系统

受电弓是车辆的受流部件。受电弓升起后，与接触网接触，从接触网上集取电流，并将其传送到车辆电气系统。接触网的电流首先由碳滑板流入受电弓弓头，然后依次经过上框架、下臂杆后流入底架。在弓头到上框架、上框架到下臂杆、下臂杆到底架的连接处，都有铜绞线短接，最后电流经过底架上的电流连接端子、车顶母线进入车辆电气系统。

3.2.2　受电弓的气路系统

受电弓的气路原理图见图3-14。

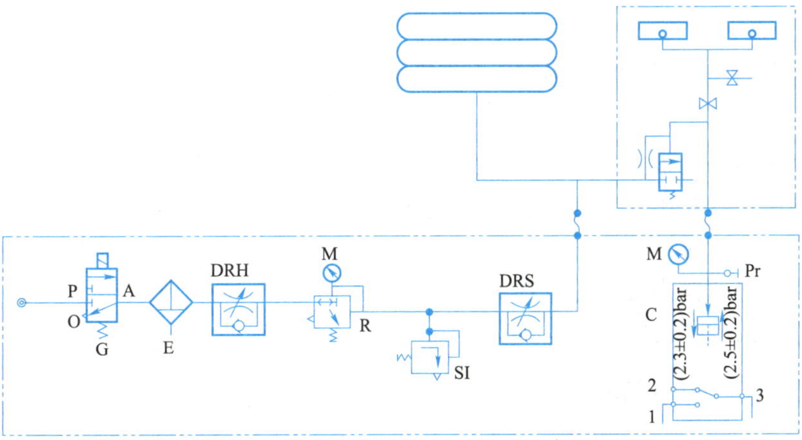

图3-14　受电弓的气路原理图

受电弓的升弓和降弓由升弓气囊装置控制。升弓气囊装置由气路控制，该气路能保证受电弓平稳地升起直至最大工作高度。从受电弓弓头开始上升算起，应在 6~10 s 内无异常冲击地抵达接触线。在由任意高度降弓时，包括工作区间的快速降弓，气路系统应保证降弓动作不会引起受电弓损坏。

1. 升弓

升弓的速度通过进入升弓气囊装置的压缩空气的流量进行控制。

电控阀得电，压缩空气依次通过阀板、绝缘软管后进入气囊；气囊充气后膨胀伸长，通过钢丝绳拉拽下臂杆，使气囊的直线运动转化为下臂杆的转动；下臂杆转动后，带动整个铰链机构，使弓头先快后慢地上升。

2. 降弓

降弓的速度通过升弓气囊装置释放压缩空气来进行控制。

电控阀失电，阀腔通大气，气囊内的压缩空气依次通过绝缘软管、阀板排出；在受电弓自重的作用下，气囊收缩并实现降弓。

3.2.3 受电弓的自动降弓原理

受电弓自动降弓装置是一种保护装置，当受电弓碳滑板断裂或者磨耗超限时，会导致控制管内的气压发生变化。自动降弓装置在检测到这种气压变化后，会迅速降下受电弓，避免弓网出现更大的损伤。自动降弓装置原理图见图 3-15，主要由整碳滑板、压力开关、截止阀、快排阀和相应管路等组成。

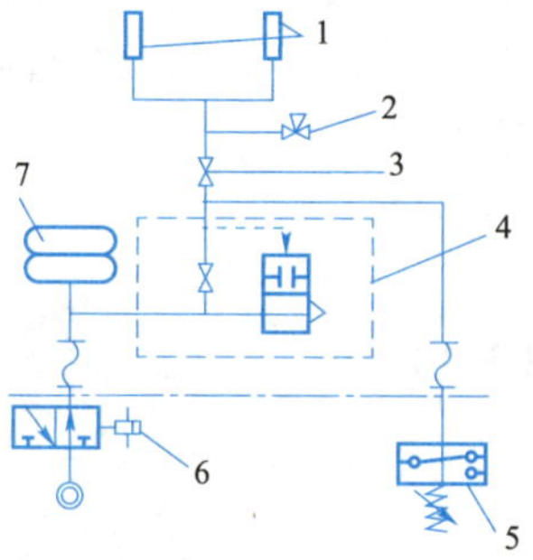

1—碳滑板；2—试验阀；3—截止阀；4—快排阀；5—压力开关；6—电磁阀；7—升弓气囊装置

图 3-15 自动降弓装置原理图

当受电弓碳滑板出现断裂、打破等故障使碳滑板内置气道漏气，或受电弓受到非正常撞击使弓头破坏，而拉断气管或通道内其他管件，出现大的漏泄，造成控制管路内气压下降时，压力开关检测到气压变化后发出降弓信号，压力开关断电，快排阀打开并迅速排出受电弓气囊装置内的压缩空气，从而实现受电弓快速下降，避免受电弓和接触网出现进一步的损坏。

3.2.4 受电弓的电流连接

受电弓的电流连接有肘接电流连接、弓头电流连接、底架电流连接三部分，见图 3-16。

图 3-16　不同位置电流连接

1. 肘接电流连接

肘接电流连接共两组，保护安装于肘接轴承管内的轴承。

2. 弓头电流连接

弓头电流连接共两组，将碳滑板的电流导入上框架的铝框架上，使电流绕过轴承和弓头悬挂装置，以避免轴承和橡胶弹簧元件大的温升。

3. 底架电流连接

底架电流连接共两组，保护安装于底架轴承管内的轴承。

寓德于课

“毫米之间的责任”——受电弓检修中的精益求精

1. 案例背景

在一次 CR200J 型动车组的例行检修中，检修班组负责对受电弓进行全面检查和维护。受电弓是动车组从接触网获取电能的关键设备，其碳滑板的厚度直接关系到受电弓与接触网的接触质量，进而影响列车的运行安全和稳定性。根据技术标准，碳滑板的厚度不得低于 5 mm，否则必须更换。

2. 案例经过

检修班组的年轻技术员小李在测量受电弓碳滑板厚度时，发现某块碳滑板的厚度为 5.1 mm，接近下限但尚未超限。按照检修规程，这块碳滑板可以继续使用，等到下次检修时再更换即可。小李将测量结果记录下来，准备进入下一项检查。

这时，经验丰富的检修班组长王师傅走了过来。他仔细查看了测量数据，又亲自用游标卡尺对碳滑板进行了复测，确认厚度确实为 5.1 mm。王师傅沉思片刻，对小李说：“这块碳滑板虽然现在还能用，但已经接近极限值了。列车运行过程中，碳滑板会不断磨损，如果等到下次检修时再更换，可能会影响列车的正常运行，甚至带来安全隐患。”

小李有些不解，问道：“师傅，按照规程，这块碳滑板还没到更换标准，为什么一定要现在换呢？”王师傅耐心解释道：“规程是最低要求，但我们的工作不能只满足于最低标准。受电弓是列车供电的关键设备，任何一点疏忽都可能引发大问题。我们检修人员的工作，就是要确保列车运行万无一失。”

在王师傅的坚持下，班组更换了这块碳滑板。虽然更换过程增加了工作量，但大家都觉得这是值得的。王师傅还借此机会向班组成员强调了检修工作中“精益求精”的重要性。

3. 案例结果

几天后，这列动车组在执行一次长途运行任务时，遇到了恶劣天气。由于受电弓状态良好，列车在风雨中依然稳定运行，未出现任何供电故障。事后，班组总结时，小李感慨道：“如果不是王师傅坚持更换那块碳滑板，这次运行可能会遇到麻烦。我真正明白了‘毫米之间的责任’是什么意思。”

课后拓学

比较 CRH380B 型动车组受电弓与 CR200J 型动车组受电弓的不同之处

任务 3.3　受电弓的预防性检修

★ 知识目标

（1）掌握受电弓常见故障的诊断方法和处理流程，包括绝缘子破损、碳滑板磨损、气囊漏气等问题的识别与解决；

（2）了解受电弓维修计划的制订原则，包括定期修、状态修和故障修的内容与实施方法。

★ 能力目标

（1）能够独立完成受电弓各主要部件的检查和维修，确保性能符合技术要求；

（2）熟悉接触压力测定的工具和流程，能够准确测量并调整受电弓的静态接触压力；

（3）学会使用专用设备测定受电弓的升、降弓时间，并根据标准判断是否符合运行要求。

★ 素质目标

（1）引导学生树立安全意识，培养对工作精益求精的态度，激发创新思维，增强服务铁路事业的责任感和使命感；

（2）通过实践训练，强化学生在受电弓检修中的安全意识和责任意识，养成严格按照规程操作的习惯，确保工作质量和安全。

★ 课前自学

本任务的课前自学资料见表 3-12。

表 3-12 课前自学资料

知识补习型	扫码了解受电弓主要检修部件
技能补训型	扫码了解受电弓常见故障

★ 课前自测

问题 1：受电弓的主要检修部件有什么？

问题 2：受电弓的常见故障有哪些？

任务导入

通过对受电弓开展预防性检修实训，使学生进一步掌握受电弓的结构，了解受电弓的修程等级和常见故障，提高学生使用专业工具进行受电弓性能检测、判断和修复的能力。本任务的任务清单见表 3-13。

表 3-13　任务清单

序号	任务内容	任务要求
1	受电弓主要部件检修	（1）能够开展绝缘子、底架和铰链机构、碳滑板、弓头、阻尼器、气囊等主要部件的检查与预防性检修工作。 （2）熟悉主要部件的常见故障和处理方法
2	受电弓升、降弓时间测定	（1）能够进行升、降弓时间测定，并判断其合格性。 （2）熟悉升、降弓时间调整方法
3	受电弓接触压力测定	（1）能够进行接触压力测定，并判断其合格性。 （2）熟悉接触压力调整方法

任务实施

本任务的任务实施方案见表 3-14。

表 3-14　任务实施方案

工序/工步	工序/工步名称和内容
1	**绝缘子检查**
1.1	目测检查并清洁绝缘子，绝缘子表面应光洁，安装牢固
1.2	检查支撑绝缘子是否损坏： （1）有电蚀、裂纹者应更新，表面缺损者须进行绝缘处理。 （2）累计缺损面积大于 3 cm^2 时，须通过 75 kV 工频耐压试验；累计缺损面积大于 25 cm^2 或深度达到 1 mm 时须更新。 （3）伞裙撕裂长度≥20 mm 或芯棒露出者须更新
2	**紧固件状态检查**
2.1	目测检查紧固件封漆标识，应无松动、错位现象
2.2	检查锁紧螺母非金属嵌件是否有掉落、老化现象
2.3	使用定扭矩电扳手对关键铰接部位螺栓紧固力矩进行校核
3	**底架和铰链机构检查**
3.1	目测检查底架、框架、拉杆、平衡杆、弓头，各部件不许有弯曲、变形、裂纹
3.2	目测检查轴、销和套，不许有不正常磨耗
3.3	目测检查杆件接头，螺纹应完好，不许有松动
4	**碳滑板检查**
4.1	检查碳滑板状态，出现以下情况应时及时更换： （1）滑板碳条剩余高度不足 5 mm，滑板总厚度≤22 mm 时； （2）掉块、孔洞等直径超过 10 mm 时； （3）存在超过滑板宽度 1/3 的纵向裂缝时； （4）由于产生电弧，造成滑板变形或缺陷，并自动降弓时；

续表

工序/工步	工序/工步名称和内容
4.1	（5）由于发生弓网故障，造成滑板扭曲、断裂等时； （6）滑板裂缝导致气路漏气，自动降弓功能启动，受电弓无法升起时； （7）铝托架严重烧损，面积接近其表面积的 1/2 时； （8）铝托架有直径超过 2 mm 的电蚀孔时
4.2	（1）通常同时更换受电弓的两条碳滑板。当只更换一条碳滑板时，应保证新碳滑板与旧碳滑板的高度差不超过 3 mm。 （2）更换碳滑板后，同一受电弓碳滑板的高度差不应超过 3 mm。若碳滑板掉块缺口呈 V 形，深度小于 6 mm 时，可修整为坡面。 （3）当碳滑板有较严重损坏，V 形碰撞掉块深度达 6 mm 左右时，应修整为坡面

制订计划

本任务的任务分配表见表 3-15。

表 3-15　任务分配表

<table>
<tr><td>班级</td><td></td><td>组号</td><td></td><td>指导教师</td><td></td></tr>
<tr><td>组长</td><td></td><td>学号</td><td colspan="3"></td></tr>
<tr><td>组员</td><td colspan="5">
<table>
<tr><td>姓名</td><td>学号</td><td>姓名</td><td>学号</td></tr>
<tr><td></td><td></td><td></td><td></td></tr>
<tr><td></td><td></td><td></td><td></td></tr>
<tr><td></td><td></td><td></td><td></td></tr>
<tr><td></td><td></td><td></td><td></td></tr>
<tr><td></td><td></td><td></td><td></td></tr>
</table>
</td></tr>
<tr><td colspan="6">任务分工</td></tr>
<tr><td colspan="6"></td></tr>
</table>

评价反馈

本任务的任务评价表见表 3-16。

表 3-16 任务评价表

项目名称	评价内容	分值	评价分数		
			自评	互评	师评
职业素养考核项目（40%）	穿戴规范、整洁	8			
	安全意识、责任意识	8			
	精益求精的“大国工匠”精神	8			
	“安全无小事”的责任意识	8			
	企业现场管理 6S 标准	8			
专业能力考核项目（60%）	绝缘子检查	10			
	紧固件状态检查	10			
	碳滑板检查	10			
	弓头组装检查	10			
	底架和铰链机构检查	10			
	阻尼器检查	10			
总分					
总评	自评（20%）+互评（20%）+师评（60%）=	综合等级	教师（签名）：		

知识链接

受电弓的维修和故障检查

3.3.1 预防性维修等级

动车组维修等级见表 3-17。表中规定的走行公里数或间隔期内（以先到为准），应实施相应的维修工作。

表 3-17 动车组维修等级

修程	与机车、客车修程对应关系	走行公里和时间周期
D1	机车一级整备，客车日常检修	每运行不超过（4 000+400）km
D2	机车二级整备、C1 修、C2 修、C3 修（统称为动力车、控制车机务设备专项检修），客车专项检修和 A1 修	（1）动力车、控制车机务设备检修周期为 1 年的专项检修项目和拖车、控制车（不含机务设备）按客车 A1 修项目：运行（30 万±3 万）km 或距上次 D2 修以上修程 1 年。 （2）动力车、控制车机务设备其他专项检修项目和拖车、控制车（不含机务设备）专项检修项目按《时速 160 公里动力集中型动车组运用维修管理暂行办法》附件 3 规定的时间周期

续表

修程	与机车、客车修程对应关系	走行公里和时间周期
D3	机车 C4 修，客车 A2 修	运行（60 万±6 万）km，或距上次 D3 修以上修程 2 年
D4	机车 C5 修，客车 A3 修	运行（110 万±10 万）km，或距上次 D3 修 2 年
D5	机车 C6 修，客车 A4 修	运行（220 万±22 万）km，或距新造（或 D6 修）8 年
D6	机车次轮 C6 修，客车 A5 修	运行（440 万±22 万）km，或距上次 D5 修 8 年
UM	—	计划外维修

表 3-17 中，D1～D6 修程属定期维修（或预防性维修）；UM 修程为计划外维修（或修复性维修），包括故障维修和改善维修。

3.3.2　受电弓的维修计划

扫码学习受电弓的维修计划内容。

3.3.3　受电弓的维修工作

扫码学习受电弓的维修工作内容。

3.3.4　受电弓的部件维修限度

受电弓的部件维修限度见表 3-18。

表 3-18　受电弓的部件维修限度

序号	名称	原型	限度
1	滑板（碳条高度）	22 mm	4 mm
2	导流线（3 种）	—	出现破损
3	钢丝绳组装	—	有一股断裂
4	气囊升弓装置	—	发生泄漏
5	系统阻尼器	—	发生泄漏
6	绝缘子	—	发生闪络或损坏

3.3.5 受电弓的故障查找和处理

在表 3-19 中，按照预计的发生次数顺序列出了在受电弓上经常发生的故障，其中包括故障现象、可能原因和处理方法。

表 3-19 受电弓的故障查找和处理

序号	故障现象	可能原因	处理方法
1	碳滑板过度磨损（连续磨损）	均匀磨损，显示运行正常	检查碳滑板并更换
2	碳滑板过度磨损（不规则的磨损）	碳滑板裂纹或破损，接触网破损	更换碳滑板并检查接触网
3	接触网的弓头放电	碳滑板上出现磨槽（由于电网上的故障引起）	更换碳滑板
		气压低，接触压力太小	检查并更换有故障的气动部件
		弓头被阻挡或变形	检查弓头是否自由动作。如果需要，应进行修理或更换
		新的电网	按其磨损程度进行处理
4	无法升弓	控制电路故障	检查线路。如果需要，应进行修理
		空气管路故障	检查管路是否漏气，检查插头是否故障。如果需要，应进行修理
			检查管路压力和风源压力，更换有故障的气动部件

寓德于课

“故障背后的责任”——受电弓排查中的严谨和担当

1. 案例背景

在一次 CR200J 型动车组的例行检修中，检修班组发现某列车的受电弓在运行过程中偶尔会出现异常振动，但并未触发自动降弓装置（ADD）。由于振动现象不频繁且未造成明显影响，部分检修人员认为可以暂时忽略，待下次检修时再详细排查。然而，检修班组长张师傅却坚持要求立即进行全面排查。

2. 案例经过

张师傅组织班组对受电弓进行了详细检查，最终发现是受电弓铰链机构中的一个螺栓出现了轻微松动。虽然松动程度不大，但在列车高速运行时，可能会因振动加剧而导致螺栓脱落，进而引发受电弓故障，甚至造成供电中断。

张师傅立即带领班组对螺栓进行了紧固，并对受电弓的其他连接部位进行了全面检查，确保无类似问题。他还利用这次机会，向班组成员讲解了受电弓铰链机构的重要性，并强调："在检修工作中，任何细微的异常都不能忽视。我们的责任不仅是解决问题，更是预防问题。"

3. 案例结果

几天后，另一列动车组在运行中因受电弓铰链机构螺栓松动导致故障，被迫停车检修。而张师傅所在班组负责的列车却因为提前排查并解决了问题，始终运行平稳。事后，班组成员小李感慨道："如果不是张师傅坚持排查，我们的列车可能也会遇到同样的问题。这次经历让我真正明白了'防患于未然'的重要性。"

课后拓学

1. 学习碳滑板过度磨耗的处理方法
2. 学习碳滑板需要更换的条件

项目 4　牵引变压器的维护与检修

任务 4.1　牵引变压器的预防性维修

★ 知识目标

（1）学习变压器的基本原理、功能和分类；
（2）学习 CR200J 型动车组变压器的主要特点；
（3）学习 CR200J 型动车组变压器的结构组成。

★ 能力目标

（1）掌握接地杆和防护信号的操作规范，能够熟练完成接地杆的挂设和防护信号标志牌的插设，确保作业现场的安全防护措施到位；

（2）熟悉牵引变压器 D2 修的标准化检修流程，能够根据检修要求独立编写检修作业工艺卡，确保检修工作规范、高效；

（3）掌握牵引变压器外观和内部设备的检查技术，能够准确判断设备状态，并具备清洁、维护和更换故障部件的实际操作能力。

★ 素质目标

（1）培养学生牢固树立“安全第一”的理念，增强责任担当意识；

（2）提升学生的团队协作能力，培养集体意识。

★ 课前自学

本任务的课前自学资料见表 4-1。

表 4-1　课前自学资料

知识补习型	扫码了解变压器的工作原理
技能补训型	扫码了解变压器的检修

★ 课前自测

问题 1：变压器的工作原理是什么？

问题 2：变压器检修的主要部件有哪些？

任务导入

通过对牵引变压器进行 D2 修训练，使学生进一步掌握变压器的结构和各部件工作原理，了解变压器预防性维修的整体工艺流程，学会使用接地杆、防护信号标志牌、毛刷等工具，进一步熟悉牵引变压器关键部件检修的工艺和方法。本任务的任务清单见表 4–2。

表 4–2　任务清单

序号	任务内容	任务要求
1	牵引变压器的结构组成、工作原理	能够详细描述牵引变压器的结构组成、工作原理
2	预防性维修的一般工艺流程	能够准确列出牵引变压器预防性维修的一般工艺流程
3	牵引变压器 D2 修作业内容	能够分辨 D2 修中季度修、半年修和年度修所检内容，并能够对牵引变压器开展 D2 修作业
4	专用工具的使用、维护	能够正确使用接地杆、防护信号标志牌、毛刷等工具，熟悉工具维护、保养措施

任务实施

本任务的任务实施方案见表 4–3。

表 4–3　任务实施方案

工序/工步	工序/工步名称和内容
季度修	
1	**工前准备**
1.1	向工长领取并确认作业计划
1.2	安全注意事项如下： （1）确认车列已设置防溜。 （2）降下受电弓，断开主断路器，变压器柜上各高压指示灯熄灭。 （3）挂设接地杆，插设防护信号标志牌。 （4）作业人员必须按规定穿戴个人防护用品（穿好防护服、绝缘鞋，戴好安全帽等），个人防护用品不过期
1.3	开工前对所使用的工具、材料进行状态检查，确认其技术状态良好
2	**主变压器外观检查**
2.1	（1）检查所有与主变压器连接的电缆，外部绝缘不应有损伤，接线端子连接处的紧固件应安装牢靠，无松动。 （2）检查接线箱内接线柱上电缆的连接状态，应紧固牢靠，无松动；接线箱内部不应有雨水进入，密封性良好。 （3）检查高压电缆与主变压器 A 端子连接是否牢靠。若有松动，须打开 T 型头后盖，重新紧固，紧固力矩为 50 N·m。 （4）作业完毕后恢复各部
2.2	检查蝶阀及其连接件，不许有松动；安装螺栓防缓线齐全、清晰，无错位现象

续表

工序/工步	工序/工步名称和内容
3	**主变压器附属配件检查**
3.1	检查主变压器油流继电器（图 4-1），应状态良好，安装牢固；紧固螺栓防缓线齐全，无错位现象；法兰连接处不许有泄漏现象。  图 4-1　油流继电器
3.2	检查主变压器温度传感器、温度计（图 4-2），应安装牢固；紧固螺栓防缓线齐全，无错位现象；法兰连接处不许有泄漏现象。  图 4-2　温度传感器和温度计
4	**高压电压互感器状态检查**
4.1	清除高压电压互感器（图 4-3）表面的积尘或污垢，然后用洁净擦机布蘸绝缘清洗剂清洁产品表面并擦拭干净，不可用尖锐物体刮刺产品表面，也不得用强酸、强碱等腐蚀剂擦拭。  图 4-3　高压电压互感器
4.2	检查绝缘表面，应清洁，无破损裂纹，无放电痕迹
4.3	检查一次侧高压接线端子，应无锈蚀或氧化层，紧固件齐全，连接可靠；一次引线应可靠连接，不准松动；M10 螺栓紧固力矩为 15 N • m

续表

工序/工步	工序/工步名称和内容
4.4	检查二次侧接线端子，应无锈蚀或氧化层，紧固件齐全，连接可靠，不准松动
4.5	检查各接线端子的标志，应齐全清晰，铭牌完好
4.6	检查安装板上的 4 个 M10 紧固螺栓，应无松动现象。若有松动，应用定扭矩电扳手进行紧固，紧固力矩为 44 N·m
4.7	检查一、二次侧和设备接地端子，接地端子应紧固、无松动，接地线完好。发现接触不良时，应清除锈蚀后再将其紧固。接地端子 M10 螺母紧固力矩为 22 N·m
4.8	检查紧固螺栓，应紧固到位
5	**整理工具，清理现场**
5.1	（1）检查确认工具、材料全部收回，防止遗留在作业现场或动车组上。 （2）将所有作业工具擦拭干净，归还工具室
5.2	清理作业现场，清点、回收作业废料并送回材料室，领用材料与回送废料数量应一一对应，做到场清、料净
6	**记录单填写**
6.1	填写作业记录单，要求填写准确
半年修	
1	**工前准备**
1.1	向工长领取并确认作业计划
1.2	安全注意事项如下： （1）确认车列已设置防溜。 （2）降下受电弓，断开主断路器，变压器柜上各高压指示灯熄灭。 （3）挂设接地杆，插设防护信号标志牌。 （4）作业人员必须按规定穿戴个人防护用品（穿好防护服、绝缘鞋，戴好安全帽等），个人防护用品不过期
1.3	开工前，对所使用的工具、材料进行状态检查，确认其技术状态良好
2	**主变压器油样化验**
2.1	打开变压器注油阀封盖，解下绑扎阀体手轮的钢扎带
2.2	将变压器取样工装用螺栓安装在阀体上
2.3	（1）先将软管一头安装在取样工装出油口，将另一头插在取油针筒上。 （2）开启注油阀门，拉动取油针筒，直至变压器油充满针筒后关闭阀门，防止空气进入变压器油箱体内。 （3）将取油针筒从软管上拔出，再将针筒内的油注入取样试剂瓶内。 （4）重新连接软管，重复抽油动作，直到取出的油样数量满足试验需求为止（500 mL）。 （5）关闭注油阀，卸下取样工装
2.4	取样完毕后，安装好注油阀封盖，使用钢扎带将注油阀手轮与管径绑扎牢固，直至手轮不再转动

续表

工序/工步	工序/工步名称和内容
2.5	油样瓶应为干燥洁净的容器，油样取好后应做好密封，同时在瓶身上贴好标签，注明车号、油样名称和取样日期
2.6	取好的油样应在 4 天内送到相关检测部门进行耐压试验合理化分析，防止油样受潮或其他原因导致失准
3	**高压电压互感器状态检查**
3.1	使用洁净擦机布蘸绝缘清洗剂对高压电压互感器和外绝缘伞裙表面进行清洁
3.2	检查高压电压互感器及其外观，应无放电痕迹，外绝缘伞裙无破损等缺陷
4	**高压电流互感器状态检查**
4.1	使用洁净擦机布蘸绝缘清洗剂清洁高压电流互感器表面并擦拭干净，不可用尖锐物体刮刺产品表面，也不得用强酸、强碱等腐蚀剂擦拭
4.2	检查绝缘表面，应清洁，无破损裂纹，无放电痕迹
4.3	检查二次侧引线，应可靠连接，不准松动
4.4	检查各接线端子的标志，应齐全清晰，铭牌完好
4.5	检查安装板，应安装紧固可靠，无松动现象
4.6	检查二次侧和设备接地端子，应接地可靠，接地线完好。发现接触不良时，应清除锈蚀，然后将其紧固
4.7	检查高压电流互感器（图 4–4），安装状态应良好。如有松动，应进行紧固，紧固力矩为 75 N • m。  图 4–4　高压电流互感器
5	**回流（低压）电流互感器状态检查**
5.1	外观检查回流（低压）电流互感器（图 4–5），安装状态应良好，紧固螺栓防缓线齐全，无错位现象。  图 4–5　回流（低压）电流互感器

续表

工序/工步	工序/工步名称和内容
5.2	使用洁净的擦机布擦拭配件表面的灰尘和其他污物
5.3	检查回流（低压）电流互感器外观，不许有损伤
6	**油泵检查及绝缘测量**
6.1	将主变压器油泵接线盒盖拆下，检查内部接线，应状态良好，无过热烧损现象；接线柱瓷瓶状态应良好，无裂漏现象
6.2	使用 500 V 兆欧表分别对各接线柱进行绝缘测量，对地绝缘电阻≥10 MΩ
7	**记录单填写**
7.1	填写作业记录单，要求填写准确
	年度修
1	**工前准备**
1.1	向工长领取并确认作业计划
1.2	安全注意事项如下： （1）确认车列已设置防溜。 （2）降下受电弓，断开主断路器，变压器柜上各高压指示灯熄灭。 （3）挂设接地杆，插设防护信号标志牌。 （4）作业人员必须按规定穿戴个人防护用品（穿好防护服、绝缘鞋，戴好安全帽等），个人防护用品不过期
1.3	开工前对所使用的工具、材料进行状态检查，确认其技术状态良好
2	**主变压器油样化验**
2.1	打开变压器注油阀封盖，解下绑扎阀体手轮的钢扎带
2.2	将变压器取样工装用螺栓安装在阀体上
2.3	（1）先将软管一头安装在取样工装出油口，将另一头插在取样针筒上。 （2）开启注油阀门，拉动取样针筒，直至变压器油充满针筒，关闭阀门，防止空气进入变压器油箱体内。 （3）将取样针筒从软管上拔出，再将针筒内的油注入取样试剂瓶内。 （4）重新连接软管，重复抽油动作，直到取出的油样数量满足试验需求为止（500 mL）。 （5）关闭注油阀，卸下取样工装
2.4	取样完毕后，安装好注油阀封盖，使用钢扎带将注油阀手轮与管径绑扎牢固，直至手轮不再转动
2.5	油样瓶应为干燥洁净的容器，油样取好后做好密封，同时在瓶身上贴好标签，注明车号、油样名称和取样日期
2.6	取好的油样应在 4 天内送到相关检测部门进行气相色谱分析，防止油样受潮或因其他原因导致失准

续表

工序/工步	工序/工步名称和内容
3	**辅助变压器状态检查**
3.1	用毛刷或吸尘器去除表面灰尘
3.2	使用洁净的擦机布蘸绝缘洗涤剂对辅助变压器外部进行清洁，去除油污。污垢去除后，再用干净的擦机布擦拭。不得用带油棉纱进行擦拭
3.3	拆除辅助变压器白色外盖的 4 条固定螺栓，取下外盖
3.4	检查辅助变压器引线的连接是否良好，接线螺母不应有松动现象，紧固件无松动
3.5	接地导线连接应可靠，接地螺母不应有松动现象
3.6	作业完毕将盖板恢复
4	**整理工具，清理现场**
4.1	（1）检查确认工具、材料全部收回，防止遗留在作业现场或动车组上。 （2）将所有作业工具擦拭干净，归还工具室
4.2	清理作业现场，清点、回收作业废料并送回材料室，领用材料与回送废料数量应一一对应，做到场清、料净
5	**记录单填写**
5.1	填写作业记录单，要求填写准确

制订计划

本任务的任务分配表见表 4-4。

表 4-4　任务分配表

<table>
<tr><td>班级</td><td></td><td>组号</td><td></td><td>指导教师</td><td></td></tr>
<tr><td>组长</td><td></td><td>学号</td><td colspan="3"></td></tr>
<tr><td>组员</td><td colspan="5">
<table>
<tr><td>姓名</td><td>学号</td><td>姓名</td><td>学号</td></tr>
<tr><td></td><td></td><td></td><td></td></tr>
<tr><td></td><td></td><td></td><td></td></tr>
<tr><td></td><td></td><td></td><td></td></tr>
<tr><td></td><td></td><td></td><td></td></tr>
<tr><td></td><td></td><td></td><td></td></tr>
</table>
</td></tr>
<tr><td colspan="6">任务分工</td></tr>
<tr><td colspan="6"></td></tr>
</table>

评价反馈

本任务的任务评价表见表 4–5。

表 4–5　任务评价表

项目名称	评价内容	分值	评价分数		
			自评	互评	师评
职业素养考核项目（40%）	穿戴规范、整洁	8			
	安全意识、责任意识	8			
	作业环境确认，作业场所安全确认	8			
	工完、料净、场地清	8			
	企业现场管理 6S 标准	8			
专业能力考核项目（60%）	能准确说出主变压器各部件的名称	10			
	主变压器外观和附属配件检查	10			
	能写出预防性维修中的季度修所检内容	10			
	能正确使用接地杆、防护信号标志牌、毛刷等工具	10			
	高压/低压电流互感器检查	10			
	能描述变压器的工作原理	10			
总分					
总评	自评（20%）+互评（20%）+师评（60%）=	综合等级		教师（签名）：	

知识链接

变压器的认知

变压器是在法拉第电磁感应定律的基础上设计制造的一种静止的电气设备，它可以将输入的某种电压等级的交流电转换成同频率的另一种电压等级的交流电输出。一般电流变大，则电压变小，反之亦然，转换倍数基本相等。由于一般将变压器划分到电机的范畴，因此变压器也被称作“静止的电机”。

4.1.1　变压器的工作原理

变压器是一种电磁能量转换器，由绕在共同铁芯上的两个或两个以上绕组通过交变磁场联系，由一个线圈作为原绕组，由另一个或两个线圈作为副绕组。原绕组将电源输入的电能转换成铁芯的磁能，副绕组将铁芯的磁能除去铁芯的损耗后转换成电能输出到负载上去。变压器工作原理见图 4-6。

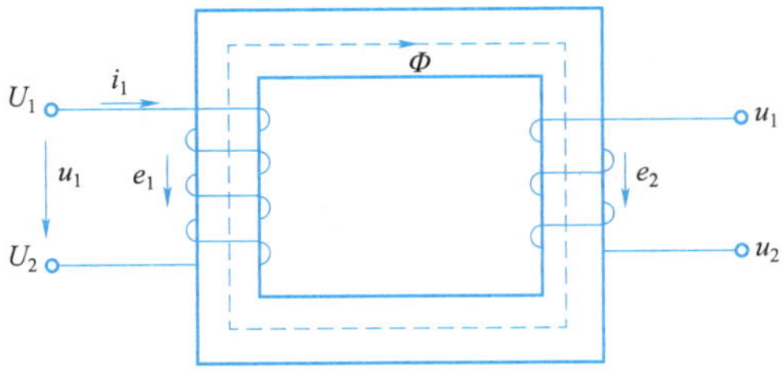

图 4-6　变压器工作原理

变压器的工作原理以电磁感应定律为基础，即

$$E=-N\frac{\mathrm{d}\Phi}{\mathrm{d}t}$$

式中：E 为感应电动势；N 为线圈匝数；Φ 为主磁通。

4.1.2　变压器的主要功能

（1）能量传输。变压器可以将电能从原边电路输送到副边电路，实现电能传输。

（2）电压转换。升压变压器可以将低电压转换为高电压，供长距离输送；降压变压器可以将高电压转换为低电压，从而将电力从电网输送给用户。

（3）阻抗交换。变压器原边和副边的阻抗可以是不同的，即具有阻抗变换功能。

（4）电流转换。变压器一次侧和二次侧的电流可以不同，即具有电流转换功能，可以由大变小，也可以由小变大。

（5）电气隔离。变压器一、二次回路电气隔离，只有磁接触，无电气连接。隔离变压器是一种特殊产品。

4.1.3　变压器的分类

（1）按用途分。可分为电力变压器和特种变压器。

（2）按铁芯结构分。可分为芯式变压器、壳式变压器等，见图 4-7。

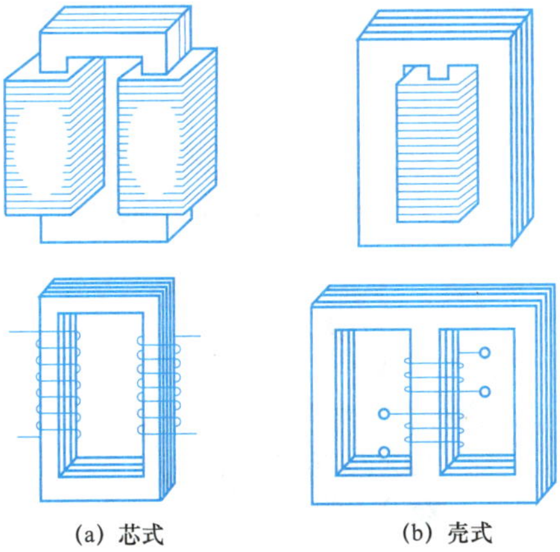

图 4-7　变压器按铁芯结构分类

（3）按相数分。可分为单相变压器和三相变压器，见图 4–8。

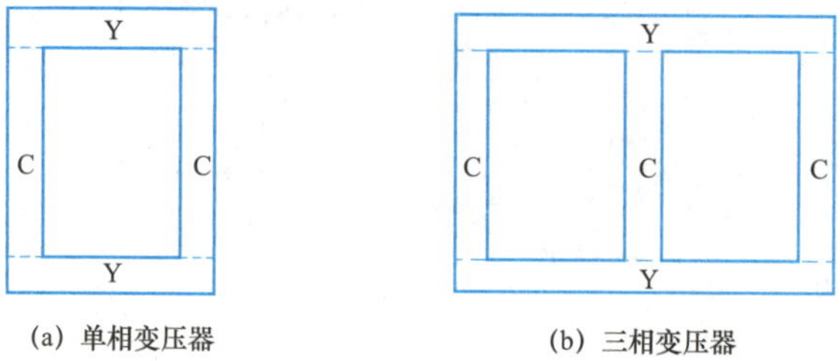

图 4–8　变压器按相数分类

（4）按冷却介质和冷却方式分。可分为干式变压器、油浸式变压器和充气式变压器。

4.1.4　CR200J 变压器的主要特点

（1）变压器采用下悬式安装方式的一体化结构，使用强迫导向油循环风冷方式。

（2）变压器采用芯式卧放结构，A 级绝缘，矿物油。

（3）变压器和油循环系统均采用真空注油，储油柜、冷却装置和变压器分开布置。

（4）变压器采用全分裂结构，满足总体对绕组的电磁疏耦合要求。

（5）变压器绕组结构采用层式，绕制工艺较为简单，绕组导线均采用 Nomex 纸绝缘导线。

（6）变压器内部油循环回路采用强迫导向结构。

（7）变压器油箱材质采用 Q345E 钢板，箱盖采用 Q460E 钢板，满足在−40 ℃环境使用的强度要求。

（8）变压器采用两路冷却循环回路，冷却器为全铝板翅式结构。

4.1.5　CR200J 变压器的结构组成

1. 铁芯

牵引变压器铁芯为拉螺杆芯式结构，主要组成部分有硅钢片、上夹件、下夹件、拉螺杆等。芯柱采用多级近似圆形的截面。铁芯接缝采用斜接缝，外形见图 4–9。芯柱硅钢片冲孔，叠片时起定位作用，叠片整齐，工艺简单。

图 4–9　铁芯外形图

2. 器身、线圈

牵引变压器有左、右柱 2 组线圈，每组线圈各有 2 组牵引绕组、1 组辅助绕组、1 组供电绕组，以及与其相对应的 2 组高压绕组。为了满足高阻抗的要求，线圈采用全分裂结构。4 组高压绕组相互并联，各低压绕组之间互不相连，相互退耦。牵引变压器线圈采用层式结构，绕制较为方便。所有绕组导线外包绝缘均采用 Nomex 纸，可提高变压器使用寿命，增加线圈机械强度。器身示意图见图 4-10。

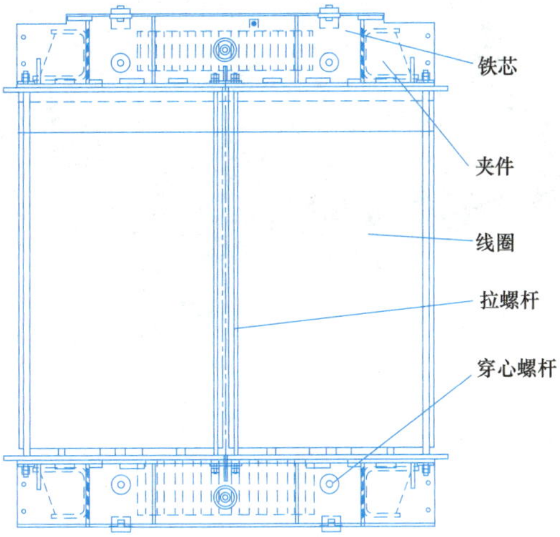

图 4-10　器身示意图

3. 引线

引线采用电工层压木夹持导电杆引出结构。导电杆由圆铜棒制成，可根据不同的走向和空间位置弯成相应的形状。铜棒外部包 Nomex 绝缘纸。这种引线结构缩减了油箱高度尺寸，进而减轻了变压器质量。引线示意图见图 4-11。

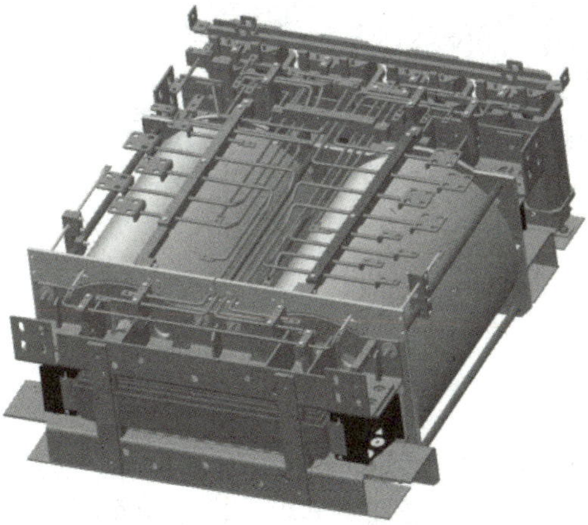

图 4-11　引线示意图

4. 油箱和箱盖

油箱采用耐候钢板 Q345E 焊接结构，外部采用加强筋构成网状结构，安装座位置焊有补强板和加强筋。油箱示意图见图 4–12。

图 4–12　油箱示意图

箱盖采用 Q460E 钢板，端子安装板为不锈钢板，升高座和箱盖焊成整体。箱盖示意图见图 4–13。

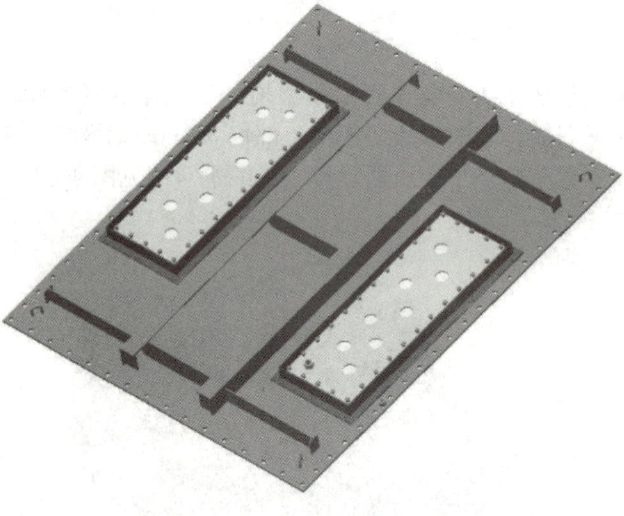

图 4–13　箱盖示意图

5. 冷却系统油路

牵引变压器有两个油循环回路。油箱内部被隔板分隔成两个区，一端为进油区，另一端为出油区。出油区的热油被油泵抽出，经蝶阀和油流继电器送入油冷却器，通过散热翅片与冷却空气进行热交换后，冷却油经油管和蝶阀，由油箱进油侧进入线圈，通过挡油圈、撑条、垫块和围屏导向在线圈内部流动、冷却，由线圈排油侧流出到油箱的出油区，如此往复循环。油循环原理图见图 4–14。

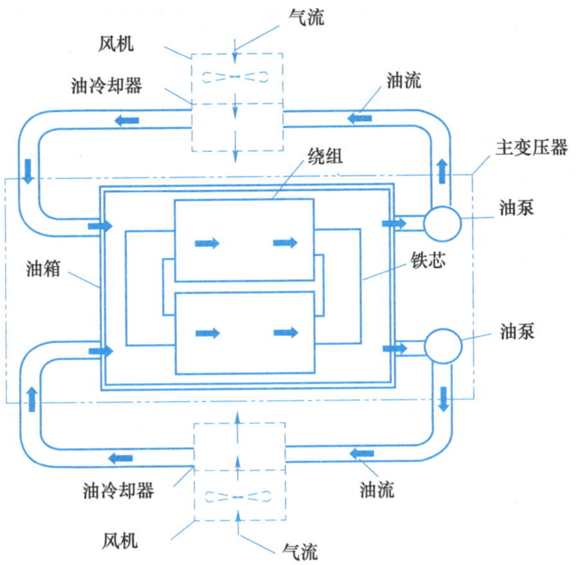

图 4-14 油循环原理图

寓德于课

敢说、敢做、敢当的“高铁院士”——王梦恕

从 2012 年的 9 356 km 到 2024 年底突破 4.8 万 km，中国高铁营运里程增长 4 倍多，稳居世界第一。960 多万平方公里的华夏大地上，轨道路网密布，高铁列车飞驰，成为助推国民经济发展的强大引擎。对于所有关心中国高铁的人来说，王梦恕永远值得铭记。

隧道工人无愧于祖国，无愧于人民，但有愧于父母，有愧于家庭。

1980 年底的一个深夜里，王梦恕在床上辗转反侧，随后写下了以上这段有血有肉的话。当时中铁隧道局集团奉命从洛阳南下广东，承担衡广复线坪石至乐昌段 11 座隧道和 3 座大桥的施工任务。其中，全线控制工程大瑶山隧道全长 14.29 km，是当时全国最长的双线电气化铁路隧道，在国内史无前例。在一线，王梦恕正担任着科研所结构研究室主任。

四海为家、远离妻子的隧道工人让他牵挂。因为 1960 年的一段惨痛经历常闯入他的梦里，将他惊醒：曾经作为唐山铁道学院的学生去成昆铁路实习，王梦恕在隧道里亲身体验到人工打眼后爆破的落后方式，此后也亲眼目睹在一次塌方后，殉难工友面目全非、四肢不全的惨烈景象。

面对大瑶山隧道，王梦恕决心尝试采用“新奥法”施工技术，为工人营造安全的环境。在新工法下，支护方式省去了以往的木料支撑，工人却纷纷不敢进洞。王梦恕带头进入，并说道：“不要怕，要砸先砸我。”他和团队经常在洞里一待就是 20 多个小时。

最终，王梦恕改变了中国百年来的隧道修建工法，不仅使大瑶山隧道工程提前两年半完工，还改变了老方法每掘进 100 m 死亡一人的局面。新技术应用后，再没有工人因为塌方而丧命。大瑶山隧道被视为中国铁道建设史上的一座里程碑，它向世界证明了中国人有能力自力更生，打造世界一流隧道。

课后拓学

学习油泵检查和绝缘测量的注意事项

任务 4.2 牵引变压器的修复性维修

★ 知识目标

（1）学习 CR200J 型动车组的结构、电气原理和技术参数；
（2）学习 CR200J 型动车组变压器冷却塔的作用和结构；
（3）学习 CR200J 型动车组变压器的使用和说明。

★ 能力目标

（1）了解牵引变压器修复性维修的概念，能辨析其与预防性维修的区别；
（2）掌握牵引变压器修复性维修的作业流程，具备编写检修作业工艺卡的能力；
（3）掌握牵引变压器的冷却系统，具备更换部件的实践能力；
（4）掌握专用工具的使用方法，能够正确使用开口扳手、六角扳手等工具。

★ 素质目标

（1）培养学生牢固树立“安全第一”的理念，增强责任担当意识；
（2）提升学生的团队协作能力，培养集体意识。

★ 课前自学

本任务的课前自学资料见表 4-6。

表 4-6 课前自学资料

知识补习型	扫码了解变压器的结构、分类、作用
技能补训型	扫码了解变压器的维修内容

★ 课前自测

问题 1： 变压器有哪些结构？有哪些分类？有什么作用？

问题 2： 变压器的维修内容是什么？

任务导入

通过对牵引变压器进行修复性维修训练，使学生进一步掌握牵引变压器的内部结构和各部件的作用，了解变压器修复性维修的整体工艺流程，学会根据螺栓规格使用正确的紧固扳手，进一步熟悉牵引变压器关键部件检修的工艺和方法。本任务的任务清单见表 4-7。

表 4-7　任务清单

序号	任务内容	任务要求
1	牵引变压器的工作原理	能够详细描述牵引变压器的工作原理
3	牵引变压器修复性维修作业内容	能够动手处理油箱渗漏油，绕组匝间短路，变压器油受潮、污染，油泵停转，继电器异常等关键部件的故障
3	牵引变压器的技术参数	能够分辨牵引变压器各绕组的参数
4	专用工具	能够正确使用接地杆、开口扳手、六角扳手、定扭矩电扳手等工具，熟悉工具维护、保养措施

任务实施

本任务的任务实施方案见表 4-8。

表 4-8　任务实施方案

工序/工步	工序/工步名称和内容
	修复性维修常见故障和处理
1	**工前准备**
1.1	向工长领取并确认作业计划
1.2	安全注意事项如下： （1）确认车列已设置防溜。 （2）降下受电弓，断开主断路器，变压器柜上各高压指示灯熄灭。 （3）挂设接地杆，插设防护信号标志牌。 （4）作业人员必须按规定穿戴个人防护用品（穿好防护服、绝缘鞋，戴好安全帽等），个人防护用品不过期
1.3	开工前对所使用的工具、材料进行状态检查，确认其技术状态良好
2	**油箱**
2.1	故障现象/信息：渗漏油
2.2	可能的原因：（1）焊接质量问题；（2）配管法兰密封问题
2.3	处理方法/测量/测试：（1）补焊返修；（2）更换密封垫
3	**器身**
3.1	故障现象/信息：绕组匝间短路
3.2	可能的原因：绝缘破损
3.3	处理方法/测量/测试：（1）检测绝缘电阻；（2）检测绕组直流电阻
4	**变压器油**
4.1	故障现象/信息：颜色变深，电气强度下降
4.2	可能的原因：吸潮，受污染

续表

工序/工步	工序/工步名称和内容
4.3	处理方法/测量/测试：进行脱水、脱气、过滤处理
5	**油泵**
5.1	故障现象/信息：停转
5.2	可能的原因：油泵绕组烧损
5.3	处理方法/测量/测试：检测绕组直流电阻
6	**PT100温度传感器**
6.1	故障现象/信息：报警
6.2	可能的原因：（1）过负载引起油温过高；（2）油冷却器堵塞引起油温过高；（3）冷却风机故障引起油温过高；（4）自身故障
6.3	处理方法/测量/测试：（1）检查风机、冷却器状态；（2）检查PT100温度传感器接线是否松脱
7	**油流继电器**
7.1	故障现象/信息：不动作
7.2	可能的原因：（1）油泵故障或油流减少；（2）由于漏油而吸入空气；（3）由于异常低温而导致循环油量不足；（4）油泵电源回路故障；（5）油流继电器自身故障
7.3	处理方法/测量/测试：（1）检查油泵；（2）检查油流接线和动作
8	**压力释放阀**
8.1	故障现象/信息：动作
8.2	可能的原因：（1）内部异常过热；（2）内部放电；（3）外部短路冲击
8.3	处理方法/测量/测试：（1）检查冷却系统状态；（2）检查绕组直流电阻、绝缘电阻，进行油气体分析；（3）外部过压
9	**整理工具，清理现场**
9.1	（1）检查确认工具、材料全部收回，防止遗留在作业现场或动车组上。 （2）将所有作业工具擦拭干净，归还工具室
9.2	清理作业现场，清点、回收作业废料并送回材料室，领用材料与回送废料数量应一一对应，做到场清、料净
10	**记录单填写**
10.1	填写作业记录单，要求填写准确

制订计划

本任务的任务分配表见表4–9。

表 4-9　任务分配表

<table>
<tr><td>班级</td><td></td><td>组号</td><td></td><td>指导教师</td><td></td></tr>
<tr><td>组长</td><td></td><td>学号</td><td colspan="3"></td></tr>
<tr><td>组员</td><td colspan="5">
<table>
<tr><td>姓名</td><td>学号</td><td>姓名</td><td>学号</td></tr>
<tr><td></td><td></td><td></td><td></td></tr>
<tr><td></td><td></td><td></td><td></td></tr>
<tr><td></td><td></td><td></td><td></td></tr>
<tr><td></td><td></td><td></td><td></td></tr>
<tr><td></td><td></td><td></td><td></td></tr>
</table>
</td></tr>
<tr><td colspan="6">任务分工</td></tr>
<tr><td colspan="6"></td></tr>
</table>

评价反馈

本任务的任务评价表见表 4-10。

表 4-10　任务评价表

<table>
<tr><td colspan="2">检查项目</td><td>检查内容与评分标准</td><td>自评</td><td>互评</td><td>师评</td></tr>
<tr><td rowspan="2">实践过程与规范（40 分）</td><td>作业前准备（10 分）</td><td>（1）检查作业服装是否穿戴整齐，安全帽是否佩戴。
（2）检查检修工具的完整性。
（3）检查受电弓是否降下，接地杆是否挂设。
（4）检查止轮器是否放置。
缺少任意一项，扣除 5 分；缺少两项，扣除 10 分</td><td></td><td></td><td></td></tr>
<tr><td>操作过程（30 分）</td><td>按要求完成实践操作：
（1）油箱渗漏油故障处理。
（2）绕组匝间短路故障处理。
（3）变压器油颜色变深、电气强度下降故障处理。
（4）油泵停转故障处理。
（5）PT100 温度传感器报警故障处理。
（6）油流继电器不动作故障处理。
（7）压力释放阀异常动作故障处理。
缺少任意一项，扣除 10 分；缺少两项，扣除 30 分</td><td></td><td></td><td></td></tr>
</table>

续表

检查项目		检查内容与评分标准	自评	互评	师评
实践结果与质量（40 分）	作业质量标准（40 分）	（1）能正确分析常见故障原因。 □合格　　□不合格 （2）能准确找出变压器故障部位。 □合格　　□不合格 （3）能消除变压器故障，使其正常工作 □合格　　□不合格			
职业素养（20 分）	基本要求（10 分）	（1）作业环境确认，作业场所安全确认。 （2）“工完、料净、场地清”状态确认。 缺少其中任意一项，扣除 5 分；缺少两项，扣除 10 分			
	任务要求（10 分）	安全意识、责任意识、团队意识			
总分					
总评		自评（20%）+互评（20%）+师评（60%）=	综合等级	教师（签名）:	

知识链接

变压器知识

4.2.1　变压器基本结构布置

CR200J 变压器结构图见图 4-15。

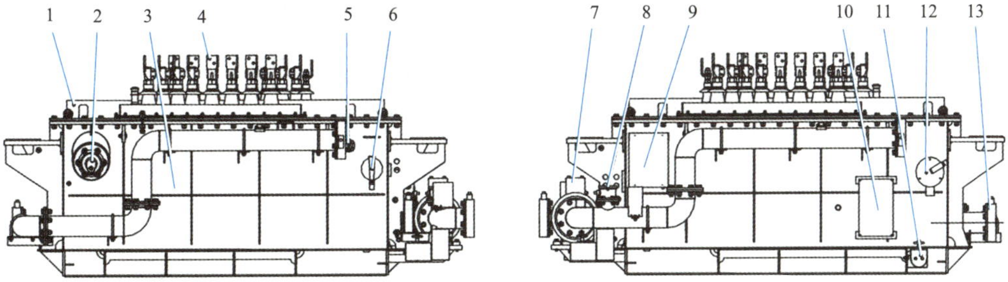

1—箱盖；2—高压端子；3—油箱；4—低压套管；5—温度传感器；6—温度计表；7—油泵；8—油流继电器；9—集线箱；10—铭牌；11—注放油阀；12—压力释放阀；13—蝶阀

图 4-15　CR200J 变压器结构图

4.2.2 牵引变压器电气原理图

如图 4-16 所示，牵引变压器的高压绕组为 UE，额定电压为 25 kV。牵引绕组用来满足机车牵引或机车电阻制动需要，牵引绕组包括 1.1-1.2、2.1-2.2、3.1-3.2 和 4.1-4.2。四组绕组线圈匝数相同，电压相等，向牵引变流器柜 1、2 供电。牵引变流器 1 为 1、2 号牵引电机供电，牵引变流器 2 为 3、4 号牵引电机供电。供电绕组 5.1-5.2 和 6.1-6.2 向两套供电单元装置供电。L1.1 和 L1.2、L2.1 和 L2.2 为谐振电抗器，L3.1 和 L3.2、L4.1 和 L4.2 为供电电抗器。

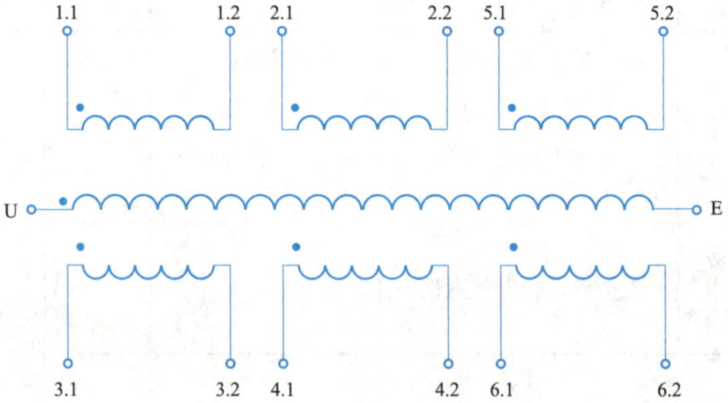

(a) 牵引变压器接线图

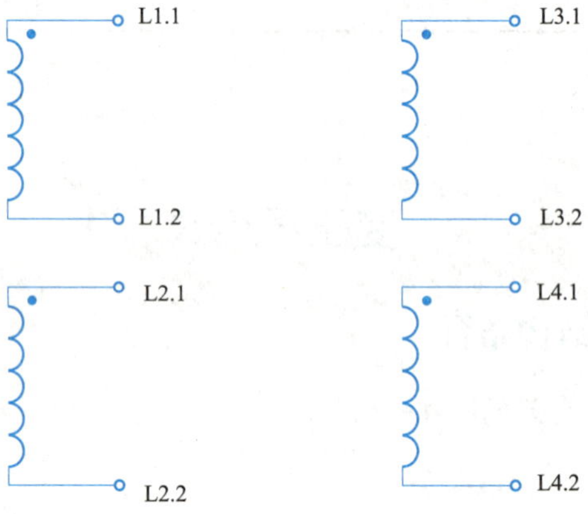

(b) 谐振电抗器　　(c) 供电电抗器

图 4-16　牵引变压器电气原理图

4.2.3 技术参数

1. 额定参数

1）高压绕组

额定容量（kV · A）：6 777；

额定电压（V）：25 000；

额定电流（A）：271。

注：高压绕组容量=牵引绕组容量×4+辅助绕组容量×1+供电绕组容量×2。

2）牵引绕组

额定容量（kV·A）：1 540×4；

额定电压（V）：1 950；

额定电流（A）：790；

阻抗电压（1 600×4 kV·A 时，%）：37（1±15%）；

阻抗电压（1 600 kV·A 时，%）：34.5（1±15%）。

3）供电绕组

额定容量（kV·A）：200×2；

额定电压（V）：307；

额定电流（A）：651；

阻抗电压（200 kV·A 含电抗器，%）：26（1±15%）。

2. 基本参数

频率（Hz）：50；

相数：单相；

结构：心式；

质量（kg）：≤7 300；

冷却方式：强迫导向油循环风冷 ODAF；

绝缘油种类：矿物油；

油流量（m^3/h）：60×2；

散热功率（kW）：126×2；

负载损耗（全牵引、工频、正弦，kW）：185（1+15%），换算到 85 ℃；

空载损耗（W）：1 870（1+15%）；

空载电流（%）：0.1（1+30%）；

总损耗（kW）：233（1+10%）。

4.2.4　使用和操作

1. 高压套管

高压套管作为变压器原边高压侧的出线装置，通过顶端的高压端子与机车高压 T 型头连接，实现电网电源向变压器的输入。机车日常运行中，需定期对高压端子的连接状态、绝缘性能和防松部件进行检查维护。高压端子实物图见图 4-17。

图 4-17　高压端子实物图

2. 低压套管

低压套管作为牵引变压器低压侧的出线装置，主要用于将变压器内部绕组的接线引出，以实现与机车内部电气系统的连接。其结构由导电杆、上瓷瓶、下瓷瓶、密封垫、铜螺母等部件组装而成。

3. 油泵

牵引变压器装有两个油泵，强迫变压器油循环进行冷却。油泵采用油内循环冷却方式，具有运行可靠、结构简单、使用方便等特点。油泵由电机部分和油泵部分组合为一体。

电机部分：电机采用特殊设计，将一部分热量传给机壳，机壳再将热量传给周围的空气，但主要部分经泵的压力区由前轴承座上的几个进油孔将油压入机体内，油流经轴的中心孔和前轴承流回泵壳进行循环冷却。

油泵部分：叶轮直接装在电机轴端，靠叶轮旋转离心力作用产生扬程，泵壳将叶轮排出的高速汇流动能转化成压力迫使变压器油进行循环。

油泵实物图见图 4-18。

图 4-18　油泵实物图

4. PT100 温度传感器

牵引变压器装有 3 个 PT100 温度传感器，用于实时监测变压器顶层和两路油循环回路的油温，微机显示屏可供查询变压器油温。根据检测到的油温，判断是否进行逐级降功、停止输出并断主断的分级保护。

5. 油流继电器

油流继电器是监测变压器油循环回路中油流是否正常循环的保护设备。由于油流继电器的叶轮转动力超过弹簧的恢复力，从而使油流侧的磁铁旋转。该磁铁的磁力旋动隔壁外侧的磁铁，使弹簧接点微动开关断开，同时，指针也偏转，显示油循环正常。如果一侧油流无循环，则该冷却支路对应的 3 组牵引变流器和 1 组辅助变流器禁止功率输出，机车的牵引功率下降 50%。如果两个油流继电器都无循环，则断开主断路器。油流继电器实物图见图 4-19。

图 4-19　油流继电器实物图

油流继电器在安装前，应进行下列检查：

（1）机械检查。检查油流继电器的动板转动是否灵活，动板被冲动的方向是否与油流指示方向一致。

（2）电气检查。检查接线是否正确，导线绝缘是否良好。

6. 压力释放阀

压力释放阀是用于对牵引变压器内部压力突变的保护设备。当变压器内部压力急剧增大，达到压力释放阀标定的压力值时，压力释放阀能迅速开启并释放压力，从而防止变压器油箱破裂或爆炸。当变压器内部压力恢复正常时，压力释放阀自动关闭。压力释放阀在出厂前已调试合格，用户不得拆装。压力释放阀实物图见图 4-20。

7. 温度计表

温度计表是显示牵引变压器油温的设备，可以在机车不得电的情况下显示变压器油的温度。温度计表实物图见图 4-21。

图 4-20　压力释放阀实物图

图 4-21　温度计表实物图

8. 蝶阀

在油泵和变压器的对外接口处均装有 Dn100 蝶阀，该蝶阀能承受 10 min 的 0.5 MPa 压力。在安装前，应将蝶阀清洗干净，以免污物进入变压器油内。

牵引变压器正常工作时，蝶阀的手柄处于“OPEN”状态。在需要拆卸散热器、油管或油管路中的设备联管时，应先将蝶阀关闭，使蝶阀手柄处于“CLOSE”状态，再进行设备更换。蝶阀可在更换配件时，短时间将油封住，但没有长时间封油的功能。如需要长时间封闭，应在阀门上装设遮盖板。

4.2.5 冷却塔

1. 冷却塔的作用

时速 160 km 动力集中型动车组冷却塔（LQT−024）用于散发由机车变压器和主变流器所产生的热量，并通过在水路和油路分别设置膨胀箱，维持冷却系统循环介质压力的稳定。冷却塔设计为双循环冷却塔，变压器和主变流器的冷却回路分别通过油管和水管与车体变压器及主变流器连接。在冷却风机的作用下，冷却空气与水/油复合散热器进行热交换，将热量散发到大气中。

2. 冷却塔的部件

1）散热器

在冷却风机作用下，变压器回路的冷却油和主变流器回路的冷却水通过强制风冷换热冷却，使冷却水和冷却油温度不超过使用要求。

填充量：冷却水 45 L，冷却油 32 L。

质量：470 kg。

2）膨胀水箱

膨胀水箱用于提供主变流器回路的缓冲旁路，调节冷却回路中因温度变化而发生的冷却液体积变化。通过侧面的液位显示器显示内部液位变化，通过液位开关适时监控内部液位，为动车组控制系统提供警告信号。

3）副油箱

副油箱用于提供变压器油路缓冲旁路，调节变压器油因温度变化而发生的体积变化。通过油位观察窗显示内部油位变化。顶部排气口通过一个吸湿器与外界大气相通，以免大气中的水汽进入油箱，影响变压器油的绝缘性能。

填充容积：20 ℃时 110 L，最大 321 L。

4）主冷风机

主冷风机为轴流式风机，通过叶轮送风，为冷却塔提供足够流量和压力的冷却空气，克服冷却塔回路的阻力。

电源要求：380 V，50 Hz，30 kW。

质量：340 kg。

5）冷却水泵

冷却水泵与电机采用一体式组装，泵体采用一体式离心水泵，为冷却塔提供足够流量和压力的冷却水，以克服水路阻力。每个冷却塔有一台水泵，将冷却塔中的冷却水从散热器抽出，经过滤器过滤后，克服管道阻力，送入机车逆变器柜。

电源要求：380 V，50 Hz，5.5 kW。

质量：83 kg。

防护等级：IP55。

6）布赫继电器

布赫继电器连接在变压器和副油箱之间的油管中。当发生下列情况之一时，触发报警开关：

（1）空气聚集在继电器中。变压器油中分解产生的气体，逐渐聚集在继电器内，挤压油液面，使液面下降，上浮子下降触动报警开关。

（2）油路出现泄漏。泄漏导致油液流失，液面下降，上浮子下降触动报警开关。若液面继续下降，则下浮子下沉，触动开关使变压器跳闸断路。

（3）从变压器流向副油箱的油流量很大时。大流量油液流向副油箱，冲击定位挡板，带动下浮子触动开关，使变压器跳闸断路。但流量变小后，挡板并不能自动回位。

当第三种情况发生时，通常表明变压器油路出现了故障，为机车提供了重要的预警信号。

布赫继电器报警或变压器断路后，下浮球系统中挡板不能自动复位，需手动复位，具体操作如下：

（1）从继电器上拧下复位按钮的大闷盖螺母。

（2）逆时针旋转复位按钮，使挡板复位。

注意：旋转复位按钮时，严禁向下按动按钮。

4.2.6　主变压器保护电路

动力车控制系统通过设置的温度传感器 BT47、BT48、BT49，油流继电器 KP41、KP42，压力释放阀 KP43，以及布赫继电器 KP44 对主变压器实施温度保护和过压力保护。

1. 温度传感器 BT47、BT48、BT49

这三个温度传感器检测油路的油温。当主变压器油温超过 90 ℃时，动力车功率开始线性下降；当主变压器油温超过 105 ℃时，断开主断路器。

2. 油流继电器 KP41、KP42

主变压器具有两路油循环冷却系统，各设有一个油流继电器对油流情况进行监测。当主变压器油温≥30 ℃时，如果一个油流继电器检测到无油循环，则该冷却支路对应的两组牵引变流器停止功率输出，动力车的牵引功率下降 50%。当主变压器油温≥30 ℃时，如果两个油流继电器都检测到无油循环，则主变流器被封锁，停止输出功率。

3. 压力释放阀 KP43

当变压器内部压力达到（95±15）kPa 时，压力释放阀动作，释放压力，同时动力车断开主断路器，并在微机显示屏上进行故障显示。

4. 布赫继电器 KP44

该继电器用于检测主变压器内气体含量。KP44 设置有 2 级报警级别，当 1 级报警动作时，TCMS 在显示屏上进行提示；当 2 级报警动作时，TCMS 将控制断开主断路器。

4.2.7 辅助电机自动开关

1. 牵引通风机自动开关 QA11、QA12

该自动开关用于牵引通风机的故障保护和相应的逻辑控制。当牵引通风机过流造成自动开关断开后，主触点断开对应牵引通风机的供电电路，辅助触点将故障信号送到 TCMS。TCMS 收到故障信号后，一方面进行故障提示，另一方面自动隔离变流器柜内的对应牵引变流器，同时对应的牵引电机停止工作。

2. 冷却塔通风机自动开关 QA15、QA16

该自动开关用于冷却塔通风机的故障保护和相应的逻辑控制。当冷却塔通风机过流造成自动开关断开后，主触点断开对应冷却塔通风机的供电电路，辅助触点将故障信号送到 TCMS。TCMS 收到故障信号后，一方面进行故障提示，另一方面自动隔离变流器柜内的对应牵引变流器，同时对应的牵引电机全部停止工作。

3. 空气压缩机自动开关 QA17、QA18

用于空气压缩机的故障保护。当空气压缩机自动开关断开后，断开空气压缩机的供电电路，并将故障信号通过 TCMS 进行显示，同时断开空气压缩机的控制接触器线圈支路，使该接触器不能得电闭合。

4. 油泵自动开关 QA19、QA20

用于主变压器油泵的故障保护和相应的逻辑控制。当油泵自动开关断开后，断开对应油泵供电电路，故障信号一方面送到司机故障显示灯，另一方面自动隔离变流器柜内的对应牵引变流器，同时对应的牵引电机全部停止工作。

寓德于课

“守匠心”——铁路牵引变压器检修工匠

1. 案例背景

张师傅是某铁路局集团公司机务段的一名资深检修工，从事铁路牵引变压器检修工作已有 20 余年。他技艺精湛，经验丰富，是班组里的技术骨干。在一次例行检修中，张师傅发现某台牵引变压器的绝缘油颜色略有异常，虽然油样检测结果仍在合格范围内，但他凭借多年的经验判断，变压器内部可能存在潜在问题。

2. 案例经过

基于自己的初步判断，张师傅立即向上级汇报，并建议对变压器进行开盖检查。起初，部分同事认为他的判断过于谨慎，认为油样检测合格即可继续使用，无须大动干戈。但张师傅坚持自己的观点，他说道：“牵引变压器是列车运行的核心设备，任何细微的异常都不能忽视。我们的工作不仅是修设备，更是保安全。”

在他的坚持下，班组对变压器进行了开盖检查。果然，发现变压器内部的一处绝缘材料存在轻微老化现象，虽然尚未引发故障，但长期运行后可能导致绝缘失效，甚至引发严重事故。张师傅带领班组及时更换了老化的绝缘材料，并对变压器进行了全面保养，确保其运行状态达到最佳。

3. 案例结果

几个月后，另一铁路局集团公司机务段的一台牵引变压器因绝缘老化引发故障，导致列车停运数小时，造成了不小的经济损失和社会影响。而张师傅所在的机务段却因他的细致检查和及时处理，避免了类似事故的发生。事后，班组成员小李感慨道："如果不是张师傅的坚持，我们可能也会遇到同样的问题。他教会了我，检修工作不仅要看数据，更要凭经验和责任心。"

课后拓学

学习压力释放阀动作的原因有哪些，以及处理方法

项目 5　牵引变流器的维护与检修

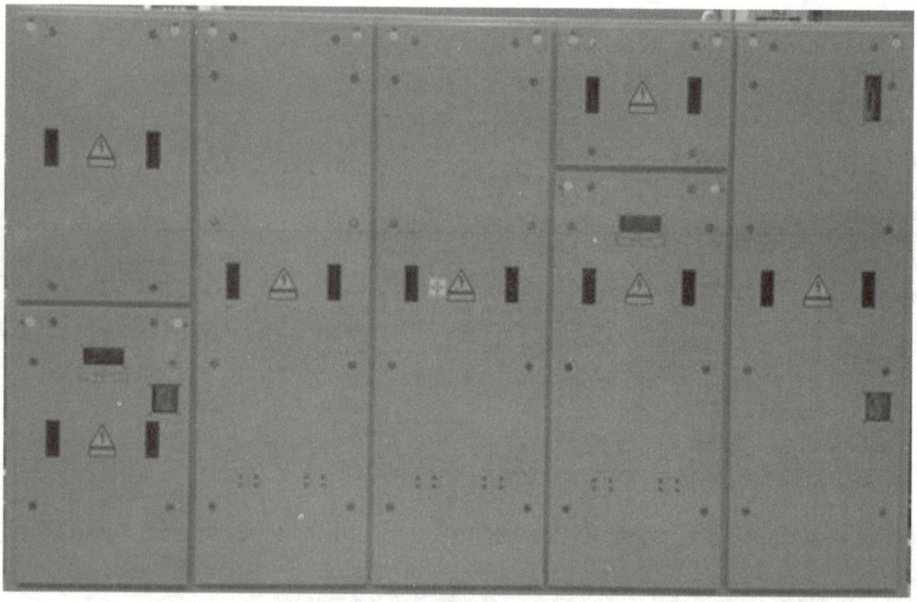

任务 5.1　牵引变流器的预防性维修

★ 知识目标

（1）学习变流器的发展历程和分类；
（2）学习 CR200J 变流器的模块说明和各模块的功能；
（3）学习 CR200J 变流器的主要技术参数。

★ 能力目标

（1）了解牵引变流器修程修制，能辨析其与机车修程修制的区别；
（2）掌握牵引变流器内部结构布置，能准确识别各模块的名称和功能；
（3）掌握牵引变流器外观和内部设备状态检查方法，具备清洁和更换部件的实践能力。

★ 素质目标

（1）培养学生的民族自豪感，激发开拓创新精神；
（2）强化学生的团队意识，培养协作共赢的职业素养。

★ 课前自学

本任务的课前自学资料见表 5-1。

表 5-1　课前自学资料

知识补习型	扫码了解电力晶体管的特点
技能补训型	扫码了解变流器的发展历程

★ 课前自测

问题 1： 电力晶体管的特点是什么？

问题 2： 变流器有哪些主要发展历程？

任务导入

通过对牵引变流器进行 D2 修训练，使学生进一步掌握牵引变流器的结构及各部件工作原理，了解牵引变流器预防性维修的整体工艺流程，学会使用接地杆、防护信号标志牌、毛刷等工具，进一步熟悉牵引变流器关键部件检修的工艺和方法。本任务的任务清单见表 5-2。

表 5-2　任务清单

序号	任务内容	任务要求
1	牵引变流器的结构和工作原理	能够详细描述牵引变流器的结构组成及各模块的功能作用
2	预防性维修的一般工艺流程	能够准确列出牵引变流器预防性维修的一般工艺流程
3	牵引变流器 D2 修作业内容	能够分辨 D2 修中季度修、半年修和年度修所检内容，并对牵引变流器开展 D2 修作业
4	专用工具	能够正确使用接地杆、防护信号标志牌、毛刷等工具，熟悉工具维护、保养措施

任务实施

本任务的任务实施方案见表 5-3。

表 5-3　任务实施方案

工序/工步	工序/工步名称和内容
	季度修
1	**工前准备**
1.1	向工长领取并确认作业计划
1.2	安全注意事项如下： （1）确认车列已设置防溜。 （2）降下受电弓，断开主断路器，变流器柜上各高压指示灯熄灭。 （3）挂设接地杆，插设防护信号标志牌。 （4）作业人员必须按规定穿戴个人防护用品（穿好防护服、绝缘鞋，戴好安全帽等），个人防护用品不过期
1.3	开工前对所使用的工具、材料进行状态检查，确认其技术状态良好
2	**变流器清洁和外观检查**
2.1	主、辅变流器外观检查（图 5-1），要求：变流器柜体盖板不许有缺失，柜体两侧的插头、插座紧固状态良好，接地线齐全，紧固良好。 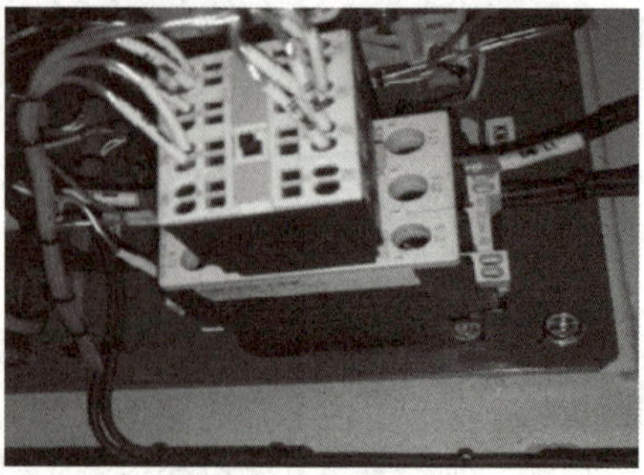 图 5-1　外观检查

续表

工序/工步	工序/工步名称和内容
2.2	（1）使用洁净的擦机布蘸绝缘清洗剂擦拭变流器柜内各配件表面灰尘及其他污物。 （2）检查变流器柜内各配件，要求：绝缘表面应清洁，无破损裂纹；绝缘表面无放电痕迹，柜体内部应清洁
2.3	牵引变流器柜门、门锁、面板有异常的应修理，不能修理的应更换
3	**列车供电柜和列供变流装置检查**
3.1	（1）目视检查内部电气连接（图 5–2），各接触器安装状态应良好，接线紧固，无松动；线圈无过热、烧损迹象；灭弧罩安装紧固，无烧损迹象；触头无烧损；连接端子和连接线无烧损、松动。 （2）用擦机布或吸尘器清洁灰尘。  图 5–2　列车供电柜检查
3.2	目视检查继电器，连接端子和连接线无烧损、松动，各电阻安装紧固，接线端子无过热、松动
3.3	（1）目视检查显示屏，显示应正常，插头安装可靠。 （2）接通控制电源，触摸屏显示应无异常，手指触摸效果正常，各个界面切换灵活
3.4	目视检查电压传感器、电流传感器、水压传感器、温度传感器，各接线不允许有松动，电压传感器、电流传感器在外观上无过热、变色或破损，接线紧固，导线压接良好
3.5	目视检查熔断器，外观应良好，不允许有烧损和接线松动
3.6	目视检查电容，端子连接线应紧固可靠，电容上不许有鼓包、漏液、烧损
3.7	目视检查可视部分，连接器、母排和连接线不许有松动、烧损、脱落
3.8	使用内窥镜检查快速接头，不许有松脱、漏液等
4	**整理工具，清理现场**
4.1	（1）检查确认工具、材料全部收回，防止遗留在作业现场或动车组上。 （2）将所有作业工具擦拭干净，归还工具室
4.2	清理作业现场，清点、回收作业废料并送回材料室，领用材料与回送废料数量应一一对应，做到场清、料净

续表

工序/工步	工序/工步名称和内容
5	**记录单填写**
5.1	填写作业记录单，要求填写准确
	半年修
1	**工前准备**
1.1	向工长领取并确认作业计划
1.2	安全注意事项如下： （1）确认车列已设置防溜。 （2）降下受电弓，断开主断路器，变流器柜上各高压指示灯熄灭。 （3）挂设接地杆，插设防护信号标志牌。 （4）作业人员必须按规定穿戴个人防护用品（穿好防护服、绝缘鞋，戴好安全帽等），个人防护用品不过期
1.3	开工前对所使用的工具、材料进行状态检查，确认其技术状态良好
2	**变流器外观检查**
2.1	打开柜门，检查充电电阻（图 5-3）、固定放电电阻，外观应良好，无破损。  图 5-3　充电电阻检查
2.2	检查直流支撑电容外观（图 5-4），不许有鼓胀、漏液，电容连接端子不许有松动。  图 5-4　直流支撑电容外观检查

续表

工序/工步	工序/工步名称和内容
2.3	检查充电接触器（图 5-5）、短接接触器触头外观，不许有烧损、卡滞、松动，接线不允许松动。 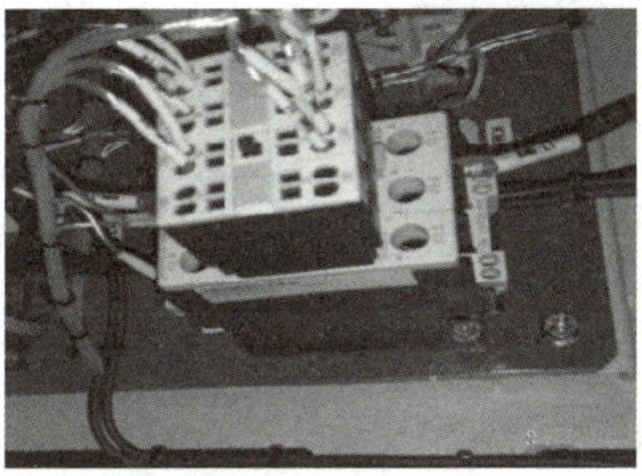 图 5-5　充电接触器检查
2.4	（1）检查冷却回路外观（图 5-6），不许有渗漏。 （2）使用内窥镜检查模块后部的快速接头，不许有松脱。 （3）检查主变流器可见各部管路，不许有渗漏。  图 5-6　冷却回路外观检查
3	**整理工具，清理现场**
3.1	（1）检查确认工具、材料全部收回，防止遗留在作业现场或动车组上。 （2）将所有作业工具擦拭干净，归还工具室
3.2	清理作业现场，清点、回收作业废料并送回材料室，领用材料与回送废料数量应一一对应，做到场清、料净
4	**记录单填写**
4.1	填写作业记录单，要求填写准确
	年度修
1	**工前准备**
1.1	向工长领取并确认作业计划
1.2	安全注意事项如下： （1）确认车列已设置防溜。 （2）降下受电弓，断开主断路器，变流器柜上各高压指示灯熄灭。 （3）挂设接地杆，插设防护信号标志牌。 （4）作业人员必须按规定穿戴个人防护用品（穿好防护服、绝缘鞋，戴好安全帽等），个人防护用品不过期

续表

工序/工步	工序/工步名称和内容
1.3	开工前对所使用的工具、材料进行状态检查，确认其技术状态良好
2	**变流器清洁和外观检查**
2.1	主、辅变流器密封和清洁检查，要求：门盖板密封条状态良好；各部绝缘表面清洁，无破损、裂纹；绝缘表面无放电痕迹
2.2	目视检查控制机箱和电子插件，电缆插头不许有松动
2.3	（1）检查各接线，固定螺丝应齐全、紧固。 （2）清洁各大线连接端子和钢排，检查是否密贴，应无变形、无接触缝隙。 （3）检查各大线连接端子和钢排外观（图 5-7），应无放电烧损。 （4）使用擦机布蘸取适量绝缘清洗剂清洁变流器柜下部的主变压器端子和瓷瓶。  图 5-7　大线连接端子外观检查
2.4	目视检查整流、逆变、辅助逆变器模块，接线应牢固，输入、输出铜母排连接部位不许有烧损，门极驱动板、光纤、连接器不许有松动
2.5	目视检查滤波器外观（图 5-8），不许有变形、烧损等异常现象，接线端子不许有松动。  图 5-8　滤波器外观检查

续表

工序/工步	工序/工步名称和内容
2.6	目视检查电压传感器、电流传感器、水压传感器、温度传感器等，各接线不许有松动；检查电压传感器、电流传感器等外观（图 5-9），不许有破损、开裂。  （a）电流传感器 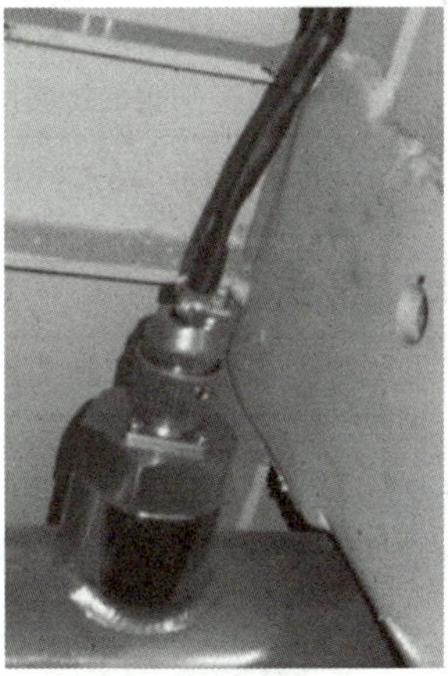 （b）热电阻传感器  （c）电压传感器 图 5-9　各类传感器外观检查
3	**列车供电变流装置检查**
3.1	目视检查整流模块（图 5-10），接线应牢固，输入、输出铜母排连接部位不许有烧损，门极驱动板、光纤、连接器不许有松动。  图 5-10　整流模块检查

续表

工序/工步	工序/工步名称和内容
3.2	目视检查门盖板，密封条应状态良好，柜体内外部应清洁
4	**整理工具，清理现场**
4.1	（1）检查确认工具、材料全部收回，防止遗留在作业现场或动车组上。 （2）将所有作业工具擦拭干净，归还工具室
4.2	清理作业现场，清点、回收作业废料并送回材料室，领用材料与回送废料数量应一一对应，做到场清、料净
5	**记录单填写**
5.1	填写作业记录单，要求填写准确

制订计划

本任务的任务分配表见表 5-4。

表 5-4　任务分配表

<table>
<tr><td>班级</td><td></td><td>组号</td><td></td><td>指导教师</td><td></td></tr>
<tr><td>组长</td><td></td><td>学号</td><td colspan="3"></td></tr>
<tr><td>组员</td><td colspan="5">
<table>
<tr><td>姓名</td><td>学号</td><td>姓名</td><td>学号</td></tr>
<tr><td></td><td></td><td></td><td></td></tr>
<tr><td></td><td></td><td></td><td></td></tr>
<tr><td></td><td></td><td></td><td></td></tr>
<tr><td></td><td></td><td></td><td></td></tr>
<tr><td></td><td></td><td></td><td></td></tr>
</table>
</td></tr>
<tr><td colspan="6">任务分工</td></tr>
<tr><td colspan="6"></td></tr>
</table>

评价反馈

本任务的任务评价表见表 5-5。

表 5-5　任务评价表

项目名称	评价内容	分值	评价分数		
			自评	互评	师评
职业素养考核项目（40%）	检查作业服装是否穿戴整齐，安全帽是否佩戴	8			
	团队合作意识	8			
	作业环境确认，作业场所安全确认	8			
	工完、料净、场地清	8			
	企业现场管理 6S 标准	8			
专业能力考核项目（60%）	变流装置外观检查	10			
	各接线端子外观检查	10			
	检查止轮器是否放置	10			
	冷却回路外观检查	10			
	电流器的原理描述	10			
	变流器的总体结构描述	10			
总分					
总评	自评（20%）+互评（20%）+师评（60%）=	综合等级	教师（签名）:		

知识链接

牵引变流器的结构和主要技术参数

5.1.1　变流器的发展和分类

1. 变流器的发展

交流电路是随着电力电子器件的发展而发展的，正如 20 世纪 60 年代出现了晶闸管，随之而来的是铁道牵引领域中的相控机车和动车。20 世纪 70 年代末期到 80 年代初期，大功率自关断器件 GTO 出现，确立了电压型变流器——交流异步电机传动系统的优势地位。

在铁道牵引交流传动初期，限于当时电力半导体器件的水平，围绕变流系统争论的焦点集中在变流电路的复杂程度，如各种元器件的数量及变流器的数量、质量、体积等。但随着电力半导体器件的发展，尤其是性能优越的大功率自关断电力半导体器件 GTO 和 IGBT 的出现，使铁道牵引电传动系统的主要矛盾发生了很大的变化，关注的焦点转向了牵引性能、谐波含量、电磁干扰、控制特性、运用成本等，从而影响和推动了变流技术的发展。常见大功率晶体管见图 5-11。

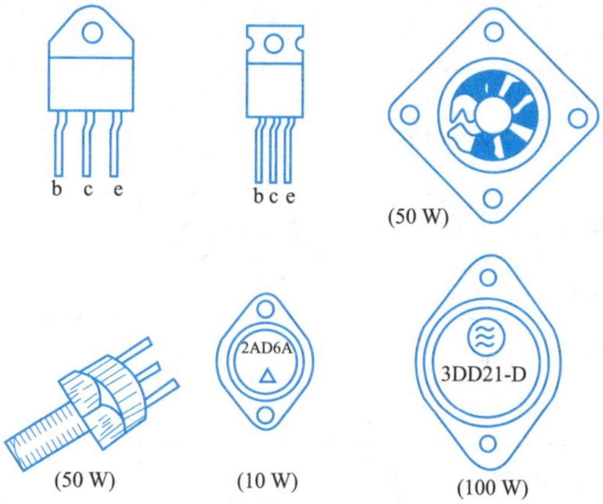

图 5-11　常见大功率晶体管

铁道牵引变流器功率一般在 1 000～2 000 kW 左右，直流电压最高为 2 800 V 或者更高。在这样的功率和电压等级上，牵引变流器一般采用两电平电路。两电平电力半导体器件电压水平达不到要求时，才采用三电平电路。在 GTO 元件应用初期，出现过 GTO 三电平变流器（瑞士联邦铁路 Re460 型电力机车）。但随着 GTO 元件阻断电压的提高，很少再有三电平电路了。

目前，IGBT 元件的电压为 3 300 V。在直流环节电压小于 1 800 V 的情况下，一般采用两电平电路；超过 1 800V 后，多采用三电平电路。众所周知，三电平电路除了可提高电压水平外，还能带来越来越少的谐波，并具有降低噪声、提高效率等优点。电力半导体器件的开关过程都在微秒级的时间内完成，电压和电流变化率很高，如 GTO 的 d*i*/d*t* 达到 300 A/μs，d*u*/d*t* 可达到 1 000 V/μs。因此，电力半导体器件在应用中一般均要设计吸收电路，以控制开关过程中电压和电流的轨迹，抑制电压和电流的变化率，降低开关损耗。

设计吸收电路一般依据下述原则：

（1）减少开关过程中电压、电流的大小和变化率。

（2）保证器件工作在安全区内。

（3）减少器件开关损耗和系统总损耗。

（4）改善器件的过载和短路能力。诸如 IGBT、IPM 由于对 d*i*/d*t*、d*u*/d*t* 耐受能力增强，通过合理设计驱动电路，可以简化吸收电路，甚至可以取消吸收电路。

2. 变流器的分类

电力半导体器件的特性由两个方面确定：一是电工性能；二是热工性能。

根据变流系统中直流环节性质的不同可分为两种类型：

（1）在直流环节接有大电感，相当于电流源的称为电流型变流系统。

（2）在直流环节接有大电容，相当于电压源的称为电压型变流系统。

由于电流型变流器电路比较简单，对电力半导体器件的要求不高，控制相对比较容易，而且造价相对便宜，因此在交流传动初期，电流型变流器主要用于动车牵引。

20 世纪 80 年代初，德国也曾研制出一台采用电流型变流器的电力机车。由于电流型变流器控制性能不如电压型变流器，对电机设计又有特殊要求，因此，随着电力半导体器件的发展，电压型变流器越来越显出其优越性。目前，电压型变流器在高速列车牵引领域占主导地位，法国的欧洲之星、德国的 ICE、日本的新干线等 20 世纪 90 年代以来制造的各种型号的高速列车，都采用电压型异步电机传动系统。

5.1.2　变流器的作用

变流器就是将一种直流或交流电转换为另一种直流或交流电的供电设备，可以说变流器是各种变流装置的总称。在电力电子变换装置中，通常意义上的变流器包括从电源侧至电力变换装置输出侧的所有环节，如对一个交—直—交电力传动系统，变流器包括从整流器、中间直流环节到逆变器及其控制系统。值得特别说明的是，在许多场合下，同一个电力变换电路既可以作整流电路，又可以作逆变电路，所以也称这样的电力变换装置为变流器。换言之，整流和逆变、交流和直流在变流器中是互相联系的，并在一定条件下可以互相转换。

5.1.3　CR200J 变流器的牵引变流器总体

牵引变流器采用柜式结构，柜体安装有门安全联锁装置。打开主电路单元柜门之前，变流器会自动降弓、跳主断，同时中间直流回路快速放电，以保证操作人员的人身安全。箱体内部采用模块化结构，从牵引变流器柜的前面可以很容易地检修或拆装各模块：

（1）高压电气连接端子位于柜体下方，可方便地进行拆装、维护。

（2）低压连接采用连接器实现，易于更换。

（3）功率模块上安装有快速防漏接头，可以快捷简便地更换，而无须排放冷却回路中的冷却液。

各功能模块安装位置对应关系见图 5-12 和表 5-6。

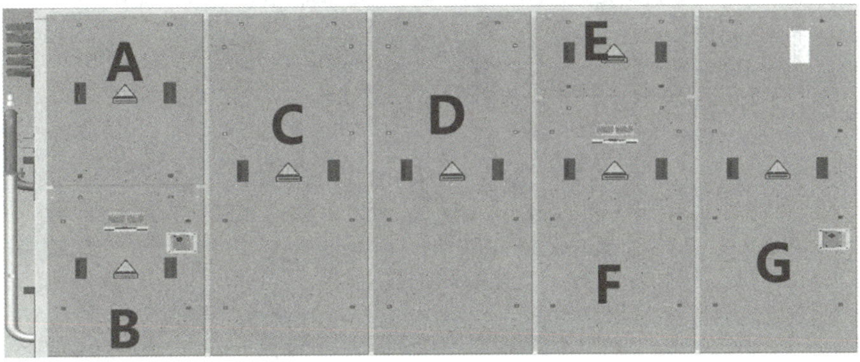

图 5-12　变流器外形图位置布置

表 5-6　变流器外形图位置说明

位置	部件名称	说　　明
A	柜门 A	内部主要放置 A 架支撑电容、整流模块、主逆变模块、辅助逆变模块、充电短接接触器、固定放电电阻组件、中间继电器组件、电压传感器等

续表

位置	部件名称	说　明
B	柜门 B	内部主要放置 B 架支撑电容、整流模块、牵引逆变模块、辅助逆变模块、充电电阻组件、斩波和辅助逆变输出电流传感器等
C	柜门 C	内部主要放置牵引控制单元、分线器、接地汇流排、电阻分流板、同步变压器、电流检测板等
D	柜门 D	内部主要放置热交换器组件（内循环风机）、电动隔离开关、高压指示灯、短接接触器等
E	柜门 E	柜顶挡板区，内部主要放置斩波电阻组件
F	柜门 F	内部主要放置内循环风机、短接接触器、电动隔离开关、二次谐振电容等
G	柜门 G	内部主要放置二次谐振电容、低感母排等

牵引变流器采用模块化结构，通过图 5-13、图 5-14 可以看出牵引变流器柜内部重要电气部件的布置结构。牵引变流器中包含 6 个逆变器模块（4 个牵引逆变器模块和 2 个辅助逆变器模块）、PWM（pulse width modulator，脉冲宽度调制）整流模块、牵引控制单元、短接接触器、预充电组件、内循环风机、水冷系统、二次谐振电容、辅助变压器等部件。其中，变流模块等主要部件位于柜体前部，打开柜门可以方便地对其进行检修；柜体后部主要用于放置不需要维护或很少需要维护的部件，如二次谐振电容。

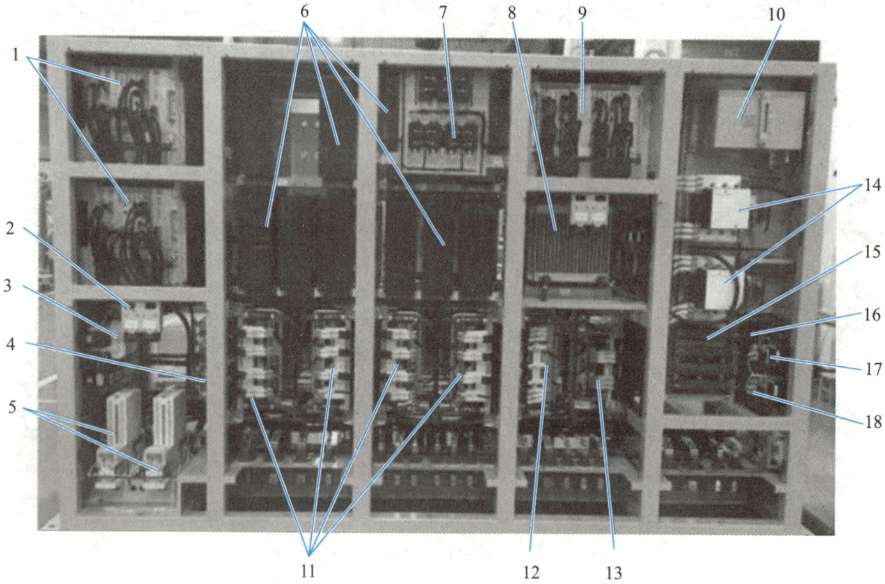

1—传动控制单元（TCU1、TCU2）；2—高压指示灯；3—主变充电接触器；4—主变充电电阻；5—主变短接接触器；
6—主变支撑电容；7—辅变、列供电压传感器；8—散热器；9—辅变、列供控制单元（ACU、LGU）；
10—膨胀水箱；11—主变模块；12—辅变模块；13—列供模块；14—辅变、列供短接接触器；
15—辅变、列供充电接触器、放电接触器；16—辅变、列供支撑电容；
17—辅变、列供充电接触器；18—辅变、列供放电接触器

图 5-13　牵引变流器内部结构（正视图）

1—斩波电阻；2—滤波电抗器；3—辅变、列供支撑电容；4—交流滤波电容；5—EMI 滤波器；6—散热风机；7—低感母排；8—固定放电电阻；9—水温传感器；10—水压传感器；11—水泵

图 5-14　牵引变流器内部结构（后视图）

变流器模块采用水冷散热，冷却液由纯水和乙二醇按一定比例混合而成，通过柜体右下方的阀门输入，对变流器模块进行冷却，由柜体右上方的阀门排出；变流器安装有一个水-气热交换器，与冷却风机集成在一起，用于变流器柜体内部的空气循环和降温，防止出现局部过热点；变流器模块、热交换器和水冷管路全部采用快速接头连接，方便快捷插拔，不需要排放冷却系统中的冷却液。

5.1.4　CR200J 变流器的模块说明

牵引变流器用于控制主变压器与牵引电机之间的能量传输，进而控制牵引电机以获得所期望的转矩。牵引变流器为间接变流器，分为四象限整流、中间直流、牵引逆变等环节。整流环节控制能量的流向，并使主变压器原边具有较小的谐波和较高的功率因数（接近 1）；中间直流环节为储能环节，其作用是保持中间直流电压的稳定，实现对主变压器和牵引电机的能量解耦。另外，中间回路还设置了接地检测电路，用于对主电路接地故障进行检测。牵引逆变环节输出三相 PWM 电压，用于控制牵引电机的转矩。每台牵引变流器中的 4 个 PWM 整流模块由对应的牵引控制单元（traction control unit，TCU）单独控制，从而实现轴控。

1. 牵引控制单元

牵引控制单元用于监视、控制、调节牵引变流器，牵引控制单元采用 PWM 整流模块四象限脉冲整流器控制，采用直接转矩控制完成对异步牵引电机的精确转矩控制，实现完全微机化、数字化的实时控制。

2. PWM 整流模块

PWM 整流模块集成了 8 个 6 500 V/750 A 的 IGBT 元件、水冷散热器、温度传感器、门控单元、门控电源、脉冲分配单元、低感母排等部件，在牵引工况下进行交—直转换，将来自主变压器的单相交流输入电压转换为直流电压，为中间直流环节提供电能；再生制动工况下，通过中间直流环节进行直—交转换，将电能回馈给电网。

3. 短接接触器和预充电电路

短接接触器用于控制牵引变流器与主变压器之间电路的通断。如果牵引变流器出现故障，可以通过分断接触器将故障牵引变流器隔离，而与变压器相连的其他变流器单元不受影响。只有在无电流的状态下，该输入断路器才可以断开。当接触器处于闭合状态时，不得将其断开。

预充电电路的主要功能是：系统上电时，完成对中间直流电容的预充电，避免上电时强大的冲击电流损坏功率模块。预充电单元以并联方式连接到短接接触器上。

以图 5-15 为例，预充电单元由充电接触器 KM3A 和充电电阻 R1A 组成。当牵引变流器投入运行时，首先通过预充电单元对直流支撑电容充电，然后闭合短接接触器 KM1A，这样就减小了大的电流冲击。否则，如果输入电压突然加载到未充电的支撑电容组上，将会导致瞬间峰值电流过大。当直流支撑电压达到理论最大电压值的 85%后，短接接触器才可切换至闭合状态。

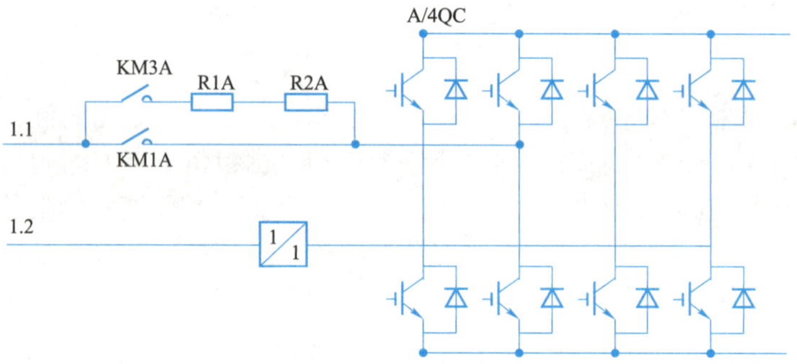

1.1，1.2—主变绕组输入端子；KM1A—短接接触器（直流接触器）；KM3A—充电接触器（直流接触器）；
R1A，R2A—充电电阻（功率电阻）；4QC—四象限整流器

图 5-15 输入电路

4. 直流支撑电容

直流支撑电容组由 5×1 mF 电容器组成，装配在变流器内，每个变流器的支撑电容共计为 10 mF（单架容量 5 mF）。作为能量存储单元，其作用是对直流支撑回路的电压进行滤波和缓冲。由于在短时间内，能量的输入和输出不对等，因此必须在中间直流支撑回路设置支撑电容。

5.1.5 CR200J 变流器的主要技术参数

额定输入电压：1 950 V/50 Hz；

额定输入电流：821 A；

额定输入频率：50 Hz；

中间电压：3 500 V；

额定输出电压：2 300 V；

额定输出电流：435 A；

最大输出电流：515 A；

效率：＞97.5%；

控制电压：DC 110 V；

外形尺寸（柜体）：3 280 mm×960 mm×2 050 mm；

质量（柜体）：约 2 600 kg。

寓德于课

我的“中国芯”——“最美铁路人”陈燕平案例背景

2001 年，中车株洲电力机车研究所有限公司正高级工程师陈燕平接到了一个艰巨的任务——自主研发具有自主知识产权的高性能 IGBT 驱动板。当时，国内在 IGBT 驱动技术方面几乎一片空白，进口 IGBT 驱动板价格昂贵，且技术受制于人。为了实现中国轨道交通牵引变流技术的自主化，陈燕平带领团队毅然决然地踏上了这条充满未知和挑战的道路。

1. 执着专注，攻克技术难关

面对技术封锁和重重困难，陈燕平团队没有退缩。他们深知，只有掌握核心技术，才能摆脱对外依赖，实现真正的自主化。于是，陈燕平带领团队成员，夜以继日地投入到 IGBT 驱动技术的研发中。他们仔细分析国外先进产品的技术参数和结构特点，不断尝试新的电路设计和试验方法。经过无数次的失败和重来，团队终于成功开发出了具有自主知识产权的高性能 IGBT 驱动板。这一成果不仅打破了国外技术垄断，还填补了国内大功率 IGBT 牵引变流器相关技术的空白。

2. 精益求精，确保产品质量

在 IGBT 驱动板研发成功后，陈燕平并没有满足于此。她深知，产品质量的稳定性和可靠性是赢得市场认可的关键。于是，她带领团队对驱动板进行了严格的测试和验证。从实验室模拟测试到实际列车运行测试，每一个环节都力求做到最好。在测试过程中，团队发现了一些潜在的问题，并立即进行了改进和优化。最终，团队成功研制出了性能稳定、可靠性高的 IGBT 驱动板，为高铁列车的安全、稳定运行提供了有力保障。

3. 勇于创新，推动技术进步

陈燕平团队并没有止步于 IGBT 驱动板的研发。他们深知，只有不断创新，才能保持技术领先。于是，团队开始探索 IGBT 驱动技术的新领域和新应用。他们结合高铁列车的发展趋势和实际需求，不断推出具有创新性的 IGBT 驱动解决方案。这些方案不仅提高了高铁列车的运行效率和安全性，还为中国轨道交通牵引变流技术的自主化进程注入了新的动力。

4. 人才培养，赋能中国高铁自主

经过陈燕平团队的不懈努力，他们成功攻克了 IGBT 驱动技术难关，实现了中国轨道交通牵引变流技术的自主化。这一成果不仅打破了国外技术垄断，还提高了中国高铁技术的国际竞争力。同时，团队还培养了一批具有创新精神和实战经验的年轻人才，为中国轨道交通技术的发展奠定了坚实的基础。

课后拓学

学习 CR200J 型动车组牵引变流器预防性维修的主要内容

任务 5.2　牵引变流器的更换性维修

★ 知识目标

（1）掌握牵引变流器变流和逆变的原理；

（2）掌握牵引变流器各模块的功能。

★ 能力目标

（1）熟悉牵引变流器的内部构造布局，能够清晰辨认各模块的名称及其功能；

（2）了解牵引变流器的外观及其内部设备状态的检查流程，具备进行清洁和更换部件的实际操作能力。

★ 素质目标

（1）增强学生国家认同，培养爱国情怀；

（2）树立学生行业自信，明确职业方向。

★ 课前自学

本任务的课前自学资料见表 5–7。

表 5–7　课前自学资料

知识补习型	扫码了解 SPWM 技术
技能补训型	扫码了解开口扳手、定扭矩电扳手的正确使用方式

★ 课前自测

问题 1： SPWM 技术是什么？

问题 2： 开口扳手、定扭矩电扳手的正确使用方式是什么？

任务导入

通过对牵引变流器的变流模块进行更换性维修训练，使学生进一步掌握牵引变流器的内部结构，了解牵引变流器更换性维修的整体工艺流程，理解变流模块与逆变模块的异同点和工作原理，最后学会根据螺栓规格使用正确的紧固扳手，进一步熟悉牵引变流器关键部件检修的工艺和方法。本任务的任务清单见表 5-8。

表 5-8　任务清单

序号	任务内容	任务要求
1	牵引变流器的内部结构	了解牵引变流器内部各模块所在位置
2	更换性维修的一般工艺流程	能准确列出牵引变流器变流模块更换性维修的一般工艺流程
3	变流模块更换性维修作业内容	能够动手更换变流模块等关键部件
4	专用工具	能够正确使用接地杆、开口扳手、六角扳手、定扭矩电扳手等工具，熟悉工具维护、保养措施

任务实施

本任务的任务实施方案见表 5-9。

表 5-9　任务实施方案

工序/工步	工序/工步名称和内容
1	**工前准备**
1.1	向工长领取并确认作业计划
1.2	安全注意事项如下： （1）确认车列已设置防溜。 （2）降下受电弓，断开主断路器，变流器柜上各高压指示灯熄灭。 （3）挂设接地杆，插设防护信号标志牌。 （4）作业人员必须按规定穿戴个人防护用品（穿好防护服、绝缘鞋，戴好安全帽等），个人防护用品不过期
1.3	开工前对所使用的工具、材料进行状态检查，确认其技术状态良好
2	**拆卸盖板**
2.1	找出变流模块所在位置，使用扳手拆除保护盖板紧固螺栓，将保护盖板和紧固螺栓小心保存，防止丢失或碰伤其他部件
3	**拆卸管路和电气连接**
3.1	拆除接头，每个整流模块有两个快速接头（图 5-16）。为了防止冷却液滴入牵引变流器，在拆除接头时，应使用一块干净的抹布将接头包裹起来。  图 5-16　冷却系统快速接头
3.2	拆除与变流模块相连的所有控制连接器和相关电缆。 注意：控制器和电缆接头须用塑料袋和扎带做好防护，防止异物进入
4	**更换变流模块**
4.1	拆除变流模块与框架安装螺栓（6×M8，扳手规格 13）、电源连接头与框架连接螺栓（12×M8，扳手规格 13）
4.2	抓握两侧把手，缓慢地将旧模块拉出
4.3	使用升降台抬升新模块，将新模块推入安装槽，这一工作需要两名维修人员共同完成。注意周边管路和电缆，防止挤压
4.4	用一个套筒扳手（6×M8，外六角螺钉，扳手规格 13，紧固扭矩 25 N·m）拧紧安装螺栓

续表

工序/工步	工序/工步名称和内容
4.5	连接冷却系统快速接头、控制器和相关电缆
4.6	拧紧电源连接接头（12×M8，扳手规格 13，紧固扭矩 15 N·m）
4.7	插入控制连接器，插入水接头，确保可靠紧固
5	**整理工具，清理现场**
5.1	（1）检查确认工具、材料全部收回，防止遗留在作业现场或动车组上。 （2）将所有作业工具擦拭干净，归还工具室
5.2	清理作业现场，清点、回收作业废料并送回材料室，领用材料与回送废料数量应一一对应，做到场清、料净
6	**记录单填写**
6.1	填写作业记录单，要求填写准确

制订计划

本任务的任务分配表见表 5-10。

表 5-10　任务分配表

<table>
<tr><td>班级</td><td></td><td>组号</td><td></td><td>指导教师</td><td></td></tr>
<tr><td>组长</td><td></td><td>学号</td><td colspan="3"></td></tr>
<tr><td>组员</td><td colspan="5">
<table>
<tr><td>姓名</td><td>学号</td><td>姓名</td><td>学号</td></tr>
<tr><td></td><td></td><td></td><td></td></tr>
<tr><td></td><td></td><td></td><td></td></tr>
<tr><td></td><td></td><td></td><td></td></tr>
<tr><td></td><td></td><td></td><td></td></tr>
<tr><td></td><td></td><td></td><td></td></tr>
</table>
</td></tr>
<tr><td colspan="6">任务分工</td></tr>
<tr><td colspan="6"></td></tr>
</table>

评价反馈

本任务的任务评价表见表 5-11。

表 5-11　任务评价表

项目名称	评价内容	分值	评价分数		
			自评	互评	师评
职业素养考核项目（40%）	国家认同感，树立行业自信	8			
	安全意识、责任意识	8			
	作业环境确认，作业场所安全确认	8			
	工完、料净、场地清	8			
	企业现场管理 6S 标准	8			
专业能力考核项目（60%）	拆除冷却系统水接头和电气连接	10			
	更换变流模块	10			
	能写出预防性维修中的季度修所检内容	10			
	能进行变流器的故障排查	10			
	能描述四象限脉冲整流器的工作原理	10			
	能描述主要部件作用	10			
总分					
总评	自评（20%）+互评（20%）+师评（60%）=	综合等级	教师（签名）:		

知识链接

牵引变流器的工作原理

5.2.1　故障显示

一台动力集中型动车组配置两台牵引变流器（A 节和 B 节），每台牵引变流器由两套完全独立的主电路构成，分别向一节机车的 4 台电机和 2 组辅助系统供电。下面以第一个主电路单元说明牵引变流器主电路的工作原理，见图 5-17。牵引变压器牵引绕组 1.1-1.2 输入电压首先经由 KM3A、R1A、R2A 组成的充电回路对直流回路的支撑电容充电。充电完成后，闭合短接接触器 KM1A。牵引工况时，单相工频电网电压经四象限PWM整流器整流为3 600 V直流电压，再经逆变器逆变为三相VVVF电压供给牵引电机。再生制动工况时，牵引电机发出的三相电压经整流、逆变后，通过牵引变压器、受电弓反馈回电网。

（1）谐振电抗器 L2A（集成在变压器内部）和谐振电容（C21A～C26A）组成二次谐振回路，用于滤除四象限 PWM 整流器输出的二次谐波电流。

（2）Rch1A、Rch2A 为过压斩波电阻，用于直流回路的过电压抑制和停机后的快速放电。

（3）R5A～R10A 为固定放电电阻，用于快速放电回路故障后将支撑电容上的电压放至安全电压以下。

（4）LH1A～LH8A 为电流传感器，分别用于检测变流器四象限输入电流、主逆变输出电流和斩波电流。

（5）VH1A、VH2A 和 VH3A 为电压传感器，分别用于检测牵引变流器直流回路全电压和半电压。辅变模块从中间回路取电，经变压器后输出三相 AC 380 V 电压，给车上的辅助设备供电。

（6）LH9A～LH11A 为电流传感器，分别用于检测辅变输出电流（变压器原边侧）。

（7）VH4A、VH5A 和 VH6A 为电压传感器，分别用于检测辅变输出电压（变压器次边侧）。

（8）QS1A～QS3A 为隔离开关。正常工况下，主触头 QS1A:A1–A2、QS2A:A3–A4、QS3A:A5–A6 处于常闭状态；高压辅助触头 QS1A:21–22、QS2A:21–22、QS3A:21–22 处于常开状态。当某牵引功率单元的变流模块故障时，相应的隔离开关可以分断，对应的辅助触头将该中间回路正负极短路。例如，当 4QC1 模块发生故障导致该中间回路短路时，QS2A:A3–A4 断开，QS2A:21–22 闭合。

图 5–17 中，各支路序号说明见表 5–12。

表 5–12　变流器内部支路序号说明

序号	说明
①	短接接触器，以及充电接触器、充电电阻组成的预充电电路
②	四象限 PWM 整流器
③	含支撑电容器等的直流支撑回路
④	接地检测单元
⑤	含谐振电容器等谐振电路，以及谐振电抗器外设
⑥	PWM 脉宽调制逆变
⑦	辅助逆变器
⑧	电动隔离开关
⑨	含过压斩波电阻等的保护模块单元
⑩	四象限输入电流传感器
⑪	牵引逆变输出电流传感器
⑫	辅助逆变输出电压和电流传感器

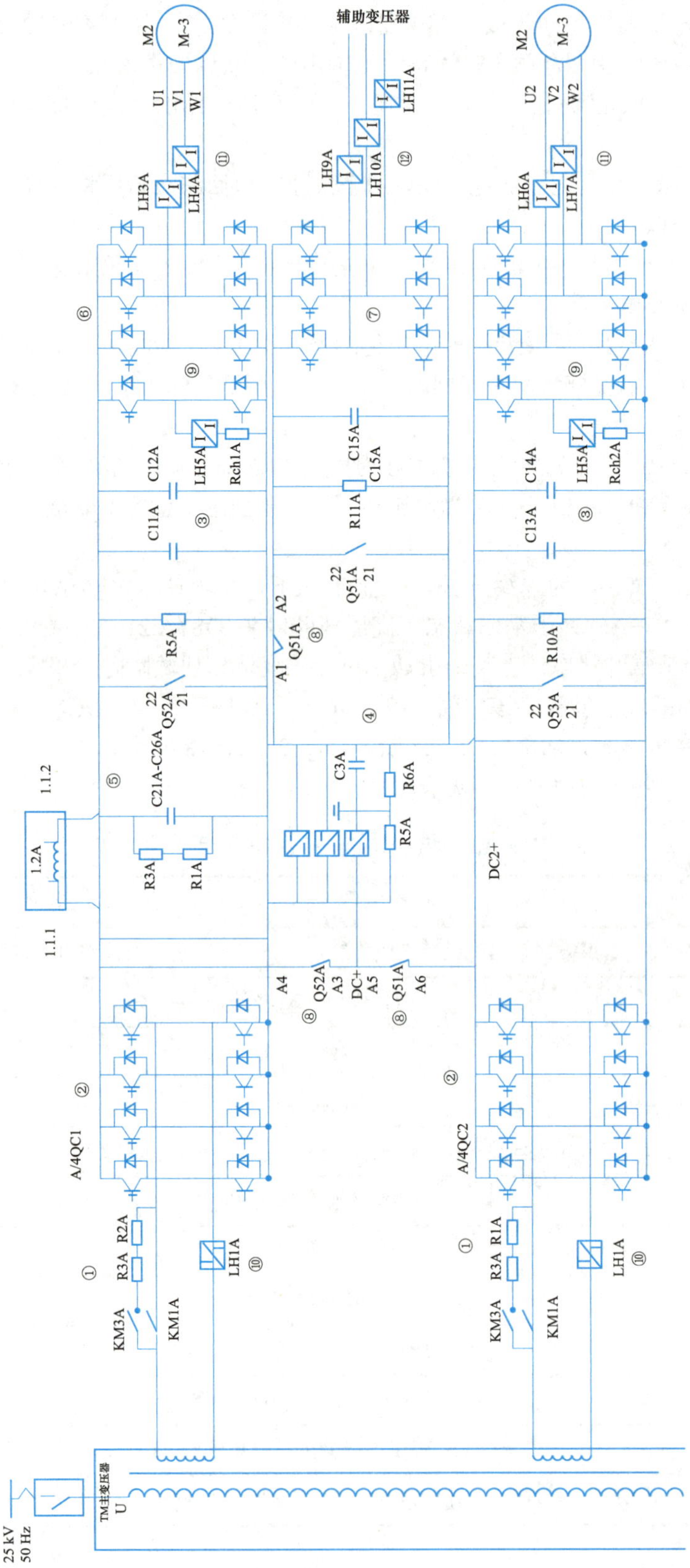

图 5-17 一台牵引变流器的一条支路概略图

5.2.2　四象限脉冲整流器

1. 四象限脉冲整流器参数

输入电压：4×AC 2 011 V（AC 1 408～2 494 V）/50 Hz；

额定输入电流：4×803 A；

最大输入电流：4×890 A；

短时（30 min）最大输入电流：4×911 A；

开关频率：250 Hz；

IGBT 元件：6 500 V/750 A；

外形尺寸：763 mm×480 mm×185 mm；

质量：51 kg。

2. 四象限脉冲整流器工作原理

四象限脉冲整流器在牵引工况下进行交—直转换，将来自主变压器的单相交流输入电压转换为直流电压，为中间直流回路提供电能；在再生制动工况时，通过中间直流回路进行直—交转换，将电能回馈给电网。四象限整流器（4QC）这一术语表示的是在牵引和制动工况下，电压和电流间的相位角是完全可调节的。通过对电压和电流间的相位角的控制，四象限整流器能够在全部四个象限内工作，从而实现能量的双向流动。

采用 IGBT 功率模块的四象限整流器，由高运算处理能力的数字信号处理芯片（DSP）产生 PWM 脉冲进行控制。当电机工作在电动机状态时，整流控制单元的 DSP 产生高频的 PWM 脉冲，控制整流侧 IGBT 的开通和关断。IGBT 的开通和关断与输入电抗器共同作用产生了与输入电压相位一致的正弦电流波形，这样就消除了二极管整流桥产生的谐波，使功率因数高达 99%，消除了对电网的谐波污染。此时，能量从电网经整流回路和逆变回路流向电机，变流器工作在第一、第三象限。

当电机工作在发电机状态时，电机产生的能量通过逆变侧的二极管回馈到直流母线。当直流母线电压超过一定值后，整流侧能量回馈控制部分启动，将直流电逆变成交流电，通过控制逆变电压相位和幅值，将能量回馈电网，达到节能的效果。此时，能量由电机通过逆变侧、整流侧流向电网，变流器工作在第二、第四象限。

在一个转向架控制中，有两台四象限整流器，组成两重四象限变流电路。一个四象限整流器由两个相位模块（半桥）组成，见图 5-18。

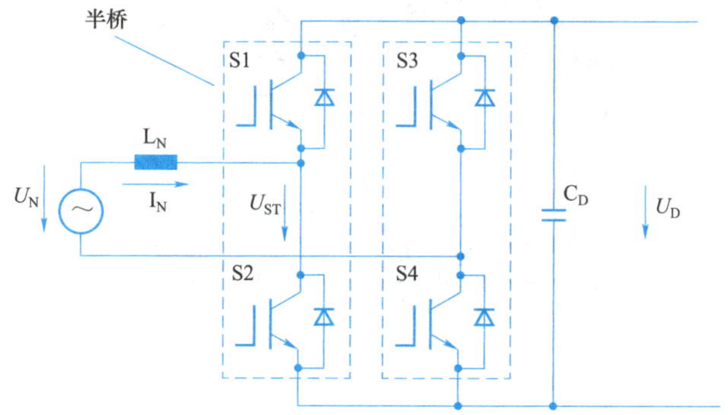

图 5-18　四象限整流器原理图

图 5-18 中，L_N 作为输入电抗器，在主变绕组制作中已考虑了其电感量；在电动机状态下，起储能作用，形成正弦电流波形；在发电机状态下，起滤波作用，滤掉电流波形中的高频成分。变流模块由 IGBT 功率元件、驱动板、检测板、脉冲分配板等保护监测单元组成。IGBT 是电子开关元件，其开通和关断的频率相对较高。当整流器中电流处于正弦波的正半波时，S2 或 S3 两个 IGBT 开关中的一个处于开通状态，变压器次边绕组处于短路状态，电流开始上升。此时，如果原来开通的 IGBT 关断，由于变压器存在漏电感，电流不能被中断。电流通过 IGBT 开关 S1 或 S4 的续流二极管流入直流支撑回路并缓慢降低。利用这一原理，电流就可以围绕一个参考值上下波动，且 $\cos\varphi$ 和直流支撑电压值能保持在要求的范围内。IGBT 开关频率决定每个周期的脉冲数量，脉冲频率越高，越能精确地追踪参考电流值。

5.2.3 主要部件作用

1. 牵引功率模块

四象限模块：牵引工况下，进行交—直转换；再生制动工况下，进行直—交转换。

逆变器模块：牵引工况下，进行直—交转换；再生制动工况下，进行交—直转换。

牵引功率模块见图 5-19。

图 5-19 牵引功率模块

2. 辅助功率模块

辅助变流器：进行交—直—交转换。辅助功率模块见图 5-20。

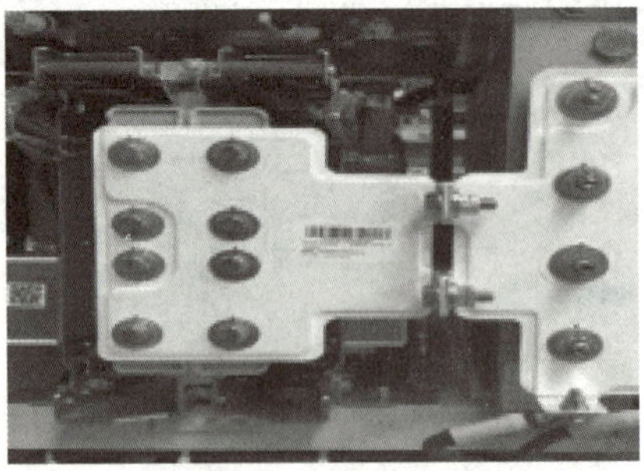

图 5-20 辅助功率模块

3. 列供模块

列供单元：进行交—直转换。列供模块见图 5-21。

图 5-21 列供模块

4. 支撑电容

支撑电容用于储存能量，其作用是稳定中间直流电压和滤除谐波，保持中间电压的稳定并为逆变器提供稳定的直流电源。每台变流器上包含 8 个支撑电容（每轴各 4 个，共 4×2.37 mF）、2 个辅助支撑电容、2 个列供支撑电容（共 2×16 mF）。辅助支撑电容和列供支撑电容规格相同，支撑电容通过低感的复合母排与功率模块连接。牵引支撑电容和辅助列供支撑电容见图 5-22。

图 5-22 牵引支撑电容（左）和辅助列供支撑电容（右）

5. TCU 控制机箱

上下两个 TCU 控制机箱分别控制、调节一个牵引变流器。牵引控制单元机箱采用标准插槽设计，内置专用导轨和加固支撑位，可以有效确保子单元安装的牢固性和稳定性，并可快速更换各子单元，方便维护。TCU 控制箱功能和结构见图 5-23。

6. 接触器

预充电接触器：与预充电电阻串联形成回路，为中间支撑电容充电，避免因电流过大导致电容损坏。

短接接触器：预充电接触器动作完成后，闭合短接接触器，继续为中间支撑电容充电，保持中间电压稳定。

预充电接触器和短接接触器见图 5-24。

TCU 功能	
四象限	机车四象限运行 系统功率因数≥0.98 等效干扰电流≤1.5 A 过分相控制
逆变器	牵引/电制动特性控制 空转/滑行控制 定速控制 库内动车控制
故障检测与处理	运行数据记录 故障保护 故障数据记录

图 5-23　TCU 控制箱功能和结构

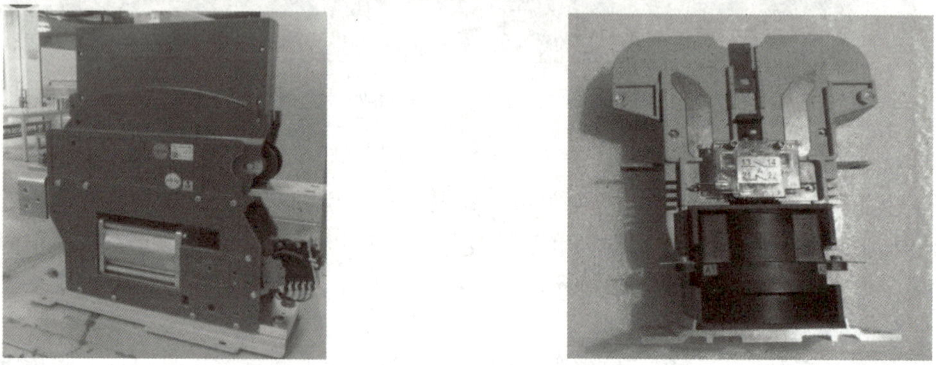

图 5-24　预充电接触器（左）和短接接触器（右）

7. 电阻

预充电电阻：与预充电接触器串联形成回路，为限制充电电流，避免因电流过大导致电容损坏，采用两个 30 Ω电阻串联。

斩波电阻：当中间电压过高时，开通斩波回路，将能量通过电阻以发热方式消耗，抑制中间回路发生过电压。当车组停车快速放电时，TCU 开通斩波电路，将中间回路的电压以热能的形式消耗掉。斩波电阻阻值为 4.5 Ω。

预充电电阻和斩波电阻见图 5-25。

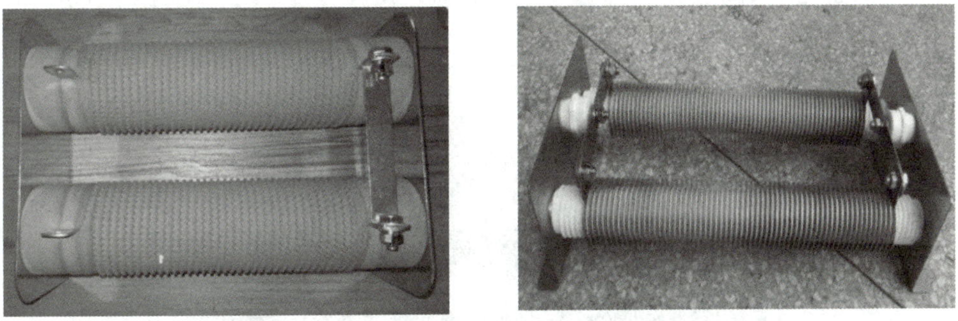

图 5-25　预充电电阻（左）和斩波电阻（右）

8. 传感器

电压传感器：检测中间直流回路全电压、半电压，用于判断过压、欠压、接地等故障，每台变流器上设有 4 个。

电流传感器：检测牵引输入、输出电流，斩波回路电流，辅助输入、输出电流，列供输入、输出电流，每台变流器上设有 15 个。

电压传感器和电流传感器见图 5-26。

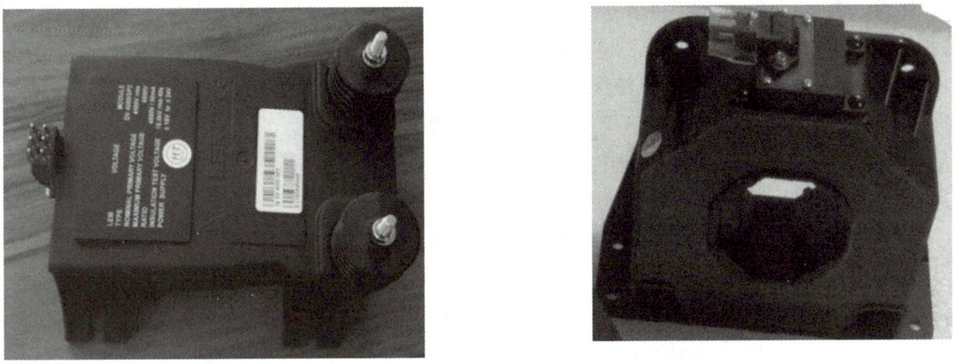

图 5-26　电压传感器（左）和电流传感器（右）

寓德于课

用心为中国机车“造芯”　从技不如人到领先全球

2017 年 9 月 21 日，中国“复兴号”列车率先在京沪线以时速 350 km 运营的消息吸引了全球的目光。

“复兴号”列车一时风头无两。很少有人知道，其传感识别和传动控制系统，正是株洲所自主研发、具有完全知识产权的产品，可以智能化地完成动力分配，解决轮轨打滑等问题，“不仅大大提高安全性，更能降低能耗。”丁荣军这样说道。

交流传动与网络控制系统是现代机车车辆的“心脏”和“大脑”，被称为“机车之芯”。这也意味着，中国机车终于拥有了自主研发且性能超群的“中国芯”。

2017 年 6 月，株洲所发布全球首款智能轨道快运列车，这是轨道交通行业的又一跨界之作，集运量大、成本低、建设周期短等优势于一身。

然而，20 世纪 80 年代，这一技术还被西门子等国际行业巨头掌控。一个尴尬的对照是，当时我国列车最高时速为 100 km，法国高速列车时速已达 300 km。

1959 年成立的株洲所，是国内专门从事电驱动系统研发的科研机构。与国际领先水平间的差距，让株洲所如坐针毡。短时间内研发无法跟上的窘况，迫使国内只能走“先引进后研发”的非常之路。

丁荣军告诉记者，他还记得第一次引进的时候，外国公司很明确地在技术转让文件上注明“传动和控制最核心的技术不能转让”。“当时我看到这个很伤心，但反过来也激发了我们去努力。”

2000 年以后，丁荣军开始担任株洲所科研副所长、总工程师，直至所长、执行董事、总经理，经历了从技术专家到技术管理者，再到企业管理者的角色转变。

曾经“技不如人”的刺激，让丁荣军抱定株洲所必须坚持“科技先导”这一理念，规定企业每年以不低于年销售收入 8%的巨额资金进行核心技术研发。

功夫不负有心人。现在株洲所成功建立起自主先进的牵引传动和控制技术体系、标准，其中，传动控制、变流器设计和网络控制三个核心技术水平进入国际领先行列。一系列核心技术成果应用到高速动车组、大功率交流传动机车等代表世界先进水平的机车车辆上，为我国铁路机车实现从普载到重载、从常速到高速的跨越作出了重大贡献。

课后拓学

学习 CR200J 型动车组牵引变流器更换性维修的一般流程

任务 5.3　牵引变流器的故障处理

★ 知识目标

（1）了解变流器常见故障有哪些；

（2）学习牵引变流器典型故障处理方法。

★ 能力目标

（1）深入掌握牵引变流器各类故障处理方法，通过实践锻炼提升故障处理的实战能力；

（2）全面掌握 PHM 预警系统的各项功能，熟练运用其诊断方式对故障进行精准预判。

★ 素质目标

（1）注重细节培养，塑造学生一丝不苟的工作作风；

（2）追求卓越品质，锤炼学生精益求精的工匠精神。

★ 课前自学

本任务的课前自学资料见表 5-13。

表 5-13　课前自学资料

知识补习型	扫码了解牵引变流器的日常保养
技能补训型	扫码了解牵引变流器故障后的危害

★ 课前自测

问题 1：牵引变流器的日常保养有哪些？

问题 2：牵引变流器故障后的危害是什么？

任务导入

通过学习牵引变流器典型故障类型，使学生进一步掌握牵引变流器出现故障后的排查方式，了解牵引变流器 PHM 的功能，掌握 PHM 健康诊断的流程，熟悉牵引变流器的日常保养方式，进一步熟悉牵引变流器关键部件检修的工艺和方法。本任务的任务清单见表 5–14。

表 5–14　任务清单

序号	任务内容	任务要求
1	牵引变流器的故障类型	了解牵引变流器不同故障的特点
2	牵引变流器的典型故障	了解牵引变流器典型故障的位置
3	牵引变流器 PHM 简介	掌握牵引变流器 PHM 的特点
4	牵引变流器日常保养	能够正确对牵引变流器进行日常保养

任务实施

本任务的任务实施方案见表 5–15。

表 5–15　任务实施方案

工序/工步	工序/工步名称和内容
1	**D1 修**
柜体外观检查	牵引变流器柜体外观状态良好；变流器柜体盖板不许有缺失，柜体两侧的插头、插座紧固状态良好，接地线齐全且紧固良好；柜门、门锁、面板状态良好
冷却液液位检查	检查膨胀水箱内冷却液液位应正常，不低于报警线
整车调试	整车试验，功能正常
2	**D2 修（季度修）、D2 修（半年修）、D2 修（年度修）**
柜体外观检查	牵引变流器柜体外观状态良好；变流器柜体盖板不许有缺失，柜体两侧的插头、插座紧固状态良好，接地线齐全且紧固良好；柜门、门锁、面板状态良好；变流器内、外清洁，用干抹布将灰尘清洁、打扫干净；检查柜体外表面，不许有严重变形；盖板密封垫（条）状态良好，紧固状态良好

续表

工序/工步	工序/工步名称和内容
高压指示灯检查	高压指示灯能正常显示，低压时灯灭，高压时灯亮
中间电压、水温、水压确认	高压状态下，在 DDU 上点击“维护”|“驱动数据”，在界面上查看中间电压、变流器水温、水压是否在正常范围（手柄打向前位，中间电压值为 3 500 V 左右，水压不超过 3.7 bar，水温不超过 55 ℃），主界面无中间电压、水温、水压相关故障
冷却回路检查	冷却回路不许有渗漏，快速接头不许有松脱，过滤网应清洁
接触器、继电器检查	充电接触器触头不许有烧损、卡滞、松动现象，外观良好；短接接触器触头不许有烧损、卡滞、松动现象，外观良好；接触器、继电器接线不允许松动；中间继电器组件外观良好
电容检查	电容不许有鼓胀、破损，电容连接端子不许有松动、开裂
电阻检查	电阻外观检查良好，无掉漆、烧损现象
连接端子检查	检查电连接端子，不允许有烧损、放电、松动（防松标记错位）
热交换风机检查	热交换风机接线排不许有松动，热交换风机运转正常，无异音
传感器检查	电压传感器、电流传感器、水压传感器、温度传感器各接线不允许有松动，电压传感器、电流传感器外观不许有破损、开裂
母排检查	低感母排、输入输出铜母排连接部位不许有烧损、松动
变流器模块检查	整流/逆变模块电气连接线和插头紧固牢靠
同步变压器检查	同步变压器不许有变色、变形、烧损等异常现象
控制机箱检查	控制机箱、电子插件、电缆插头不许有松动；机箱冷却风扇工作正常，不许有异音
3	**D3 修**
柜体外观检查	牵引变流器柜体外观状态良好；变流器柜体盖板不许有缺失，柜体两侧的插头、插座紧固状态良好，接地线齐全且紧固良好；柜门、门锁、面板状态良好；变流器内、外清洁，用干抹布将灰尘清洁、打扫干净；检查柜体外表面，不许有严重变形；盖板密封垫（条）状态良好，紧固状态良好
柜内部件检查	柜内各部件连接器安装牢固，电气连接可靠
连接端子检查	柜内主回路对外连接端子连接状态良好，紧固状态良好；电连接端子不许有烧损、松动
热交换风机检查	热交换风机接线排不许有松动；热交换风机运转正常，无异音；清洁热交换风机
冷却液液位检查	检查膨胀水箱内冷却液液位应正常，不低于报警线

续表

工序/工步	工序/工步名称和内容
高压指示灯检查	高压指示灯能正常显示，低压时灯灭，高压时灯亮
传感器检查	电压传感器、电流传感器、水压传感器、温度传感器各接线不允许有松动；电压传感器、电流传感器外观不许有破损、开裂；传感器外观良好，功能正常；高压试验无传感器故障
电流检测板	电流检测板器件外观良好，功能正常
冷却回路检查	冷却回路不许有渗漏；快速接头不许有松脱；过滤网应清洁
热交换器检修	清洁热交换器，不许有阻塞或污染
母排检查	低感母排、输入输出铜母排连接部位不许有烧损、松动；直流母排、连接母排、短接排固定螺栓状态良好
变流器模块检查	脉冲分配板外观良好；整流/逆变模块电气连接线和插头紧固牢靠；门极驱动板、光纤、连接器不许有松动
接触器、继电器检查	充电接触器触头不许有烧损、卡滞、松动现象，外观良好；短接接触器触头不许有烧损、卡滞、松动现象，外观良好；接触器、继电器接线不允许松动；中间继电器组件外观良好
同步变压器检查	同步变压器不许有变色、变形、烧损等异常现象
控制机箱检查	控制机箱、电子插件、电缆插头不许有松动；机箱冷却风扇工作正常，不许有异音；清洁控制机箱和电子插件，插件中元器件外观良好，插件紧固件不许有松动；SMC 插件故障数据下载端口正常，可正常下载数据
柜内线路检查	柜内线路绝缘完好，连接正确、可靠，各端子、插针状态良好；电子板、插头、插座、电缆、铜排紧固状态良好；端子、端子排不许有变形、破损；各可见导体不许有变形、破损；光纤不许有严重变形、明显变色、损伤；连接器不许有变形、明显变色、损伤
电容检查	电容不许有鼓胀、破损；电容连接端子不许有松动、开裂；测量主变支撑电容，总容值应为 6×(1±10%)mF，辅变支撑电容总容值应为 33×(1±10%)mF，列供支撑电容总容值应为 33×(1±10%)mF
电阻检查	电阻外观检查良好，无掉漆、烧损现象
中间电压、水温、水压确认	高压状态下，在 DDU 上点击“维护”|“驱动数据”，在界面上查看中间电压、变流器水温、水压应在正常范围（手柄打向前位，中间电压值为 3 500 V 左右，水压不超过 3.7 bar，水温不超过 55 ℃），主界面无中间电压、水温、水压相关故障
4	**D4 修**
柜体外观检查	牵引变流器柜体外观状态良好；变流器柜体盖板不许有缺失，柜体两侧的插头、插座紧固状态良好，接地线齐全且紧固良好；柜门、门锁、面板状态良好；变流器内、外清洁，用干抹布将灰尘清洁、打扫干净；检查柜体外表面，不许有严重变形；盖板密封垫（条）状态良好，紧固状态良好
柜内部件检查	柜内各部件连接器安装牢固，电气连接可靠

续表

工序/工步	工序/工步名称和内容
连接端子检查	柜内主回路对外连接端子连接状态良好，紧固状态良好；电连接端子不许有烧损、松动
热交换风机检查	热交换风机更新，接线排不许有松动
冷却液液位检查	检查膨胀水箱内冷却液液位应正常，不低于报警线
高压指示灯检查	高压指示灯状态良好，发黄、过热、开裂等不良者更新
传感器检查	电压传感器、电流传感器、水压传感器、温度传感器各接线不允许有松动；电压传感器、电流传感器外观不许有破损、开裂；传感器外观良好，功能正常，高压试验无传感器故障
电流检测板	电流检测板器件外观良好，功能正常
冷却液检测	冷却液检测符合要求
冷却回路检查	橡胶软管、喉卡、快速接头状态良好，不良者更新；冷却回路不许有渗漏；快速接头不许有松脱；过滤网应清洁
热交换器检查	清洁热交换器，不许有阻塞或污染
母排检查	低感母排、输入输出铜母排连接部位不许有烧损、松动；直流母排、连接母排、短接排固定螺栓状态良好
变流器模块检查	脉冲分配板外观良好；整流/逆变模块电气连接线和插头紧固牢靠；门极驱动板、光纤、连接器不许有松动；各功率模块清洁，接线牢固，外观良好，性能良好
接触器、继电器检查	充电接触器灭弧腔不许有机械损伤或金属堆积物；充电接触器触头不许有烧损、卡滞、松动现象，外观良好；短接接触器触头不许有烧损、卡滞、松动现象，外观良好；接触器、继电器接线不允许松动；短接接触器主触头接触电阻不大于 0.5 MΩ；预充电接触器主触头接触电阻不大于 1.0 MΩ；线圈不许有松动、短路、断路；中间继电器组件外观良好
同步变压器检查	同步变压器不许有变色、变形、烧损等异常现象
控制机箱检查	控制机箱、电子插件、电缆插头不许有松动；冷却风扇更新；控制机箱和电子插件清洁，插件中元器件外观良好，插件紧固件不许有松动；SMC 插件故障数据下载端口正常，可正常下载数据
柜内线路检查	柜内线路绝缘完好，连接正确、可靠，各端子、插针状态良好；电子板、插头、插座、电缆、铜排紧固状态良好；端子、端子排不许有变形、破损；各可见导体不许有变形、破损；光纤不许有严重变形、明显变色、损伤；连接器不许有变形、明显变色、损伤
电容检查	电容不许有鼓胀、破损；电容连接端子不许有松动、开裂；测量主变支撑电容，总容值应为 6×(1±10%)mF，辅变支撑电容总容值应为 33×(1±10%)mF，列供支撑电容总容值应为 33×(1±10%）mF
电阻检查	电阻外观检查良好，无掉漆、烧损现象

续表

工序/工步	工序/工步名称和内容
整柜试验	主变流器主回路绝缘检测（使用 1 000 V 兆欧表）绝缘值不小于 100 MΩ；整车试验确认变流装置功能正常可靠
中间电压、水温、水压确认	高压状态下，在 DDU 上点击“维护”|“驱动数据”，在界面上查看中间电压、变流器水温、水压在正常范围（手柄打向前位，中间电压值为 3 500 V 左右，水压不超过 3.7 bar，水温不超过 55 ℃），主界面无中间电压、水温、水压相关故障
5	**D5 修**
柜体外观检查	牵引变流器柜体外观状态良好；变流器柜体盖板不许有缺失，柜体两侧的插头、插座紧固状态良好，接地线齐全且紧固良好；柜门、门锁、面板状态良好；盖板密封垫更新
柜内部件检查	柜内各部件连接器安装牢固，电气连接可靠
连接端子检查	柜内主回路对外连接端子连接状态良好，紧固状态良好；电连接端子不许有烧损、松动
热交换风机检查	热交换风机更新，接线排不许有松动
冷却液液位检查	检查膨胀水箱内冷却液液位应正常，不低于报警线
高压指示灯检查	高压指示灯状态良好，发黄、过热、开裂等不良者更新
传感器检查	电压传感器、电流传感器、水压传感器、温度传感器各接线不允许有松动；电压传感器、电流传感器外观不许有破损、开裂；电压传感器的传感器更新
电流检测板	电流检测板器件外观良好，功能正常
冷却液检测	冷却液更新
冷却回路检查	橡胶软管、喉卡、快速接头状态良好，不良者更新；冷却回路不许有渗漏；快速接头不许有松脱；过滤网应清洁
热交换器检查	清洁热交换器，不许有阻塞或污染
母排检查	低感母排、输入输出铜母排连接部位不许有烧损、松动；直流母排、连接母排、短接排固定螺栓状态良好
变流器模块检查	脉冲分配板外观良好；整流/逆变模块电气连接线和插头紧固牢靠；门极驱动板、光纤、连接器不许有松动；门极驱动板、电源模块更新
接触器、继电器检查	充电接触器更新；短接接触器触头不许有烧损、卡滞、松动现象，外观良好；接触器、继电器接线不允许松动；短接接触器主触头接触电阻不大于 0.5 MΩ；中间继电器组件外观良好
同步变压器检查	同步变压器不许有变色、变形、烧损等异常现象
控制机箱检查	控制机箱、电子插件、电缆插头不许有松动；控制机箱的机箱和背板更新；冷却风扇更新；SMC 插件故障数据下载端口正常，可正常下载数据

续表

工序/工步	工序/工步名称和内容
柜内线路检查	柜内线路绝缘完好，连接正确、可靠，各端子、插针状态良好；电子板、插头、插座、电缆、铜排紧固状态良好；端子、端子排不许有变形、破损；各可见导体不许有变形、破损；光纤不许有严重变形、明显变色、损伤；连接器不许有变形、明显变色、损伤
电容检查	电容不许有鼓胀、破损；电容连接端子不许有松动、开裂；测量主变支撑电容，总容值应为 6×(1±10%)mF，辅变支撑电容总容值应为 33×(1±10%)mF，列供支撑电容总容值应为 33×(1±10%)mF
电阻检查	电阻外观检查应良好，无掉漆、烧损现象
整柜试验	主变流器主回路绝缘检测（使用 1 000 V 兆欧表）绝缘值不小于 100 MΩ；整车试验确认变流装置功能正常可靠
中间电压、水温、水压确认	高压状态下，在 DDU 上点击“维护”|“驱动数据”，在界面上查看中间电压、变流器水温、水压在正常范围（手柄打向前位，中间电压值为 3 500 V 左右，水压不超过 3.7 bar，水温不超过 55 ℃），主界面无中间电压、水温、水压相关故障
6	**D6 修**
柜体外观检查	牵引变流器柜体外观状态良好；变流器柜体盖板不许有缺失，柜体两侧的插头、插座紧固状态良好，接地线齐全且紧固良好；柜门、门锁、面板状态良好；变流器内、外清洁，用干抹布将灰尘清洁、打扫干净；检查柜体外表面，不许有严重变形；盖板密封垫更新
柜内部件检查	柜内各部件连接器安装牢固，电气连接可靠
连接端子检查	柜内主回路对外连接端子连接状态良好，紧固状态良好；电连接端子不许有烧损、松动
热交换风机检查	热交换风机更新，接线排不许有松动
冷却液液位检查	检查膨胀水箱内冷却液液位应正常，不低于报警线
高压指示灯检查	高压指示灯状态良好，发黄、过热、开裂等不良者更新
传感器检查	电压传感器的传感器更新；电流传感器、水压传感器、温度传感器更新
电流检测板	电流检测板更新
冷却液检测	冷却液更新
冷却回路检查	橡胶软管、喉卡、快速接头状态良好，不良者更新；冷却回路不许有渗漏；快速接头不许有松脱；过滤网清洁
热交换器检修	清洁热交换器，不许有阻塞或污染
母排检查	低感母排、输入输出铜母排连接部位不许有烧损、松动；直流母排、连接母排、短接排固定螺栓状态良好

续表

工序/工步	工序/工步名称和内容
变流器模块检查	脉冲分配板外观良好；整流/逆变模块电气连接线和插头紧固牢靠；门极驱动板、光纤、连接器不许有松动；门极驱动板、电源模块更新；变流器模块 IGBT 更新
接触器、继电器检查	充电接触器更新；接触器、继电器接线不允许松动；短接接触器更新；中间继电器更新
同步变压器检查	同步变压器更新
控制机箱检查	控制机箱、电子插件、电缆插头不许有松动；控制机箱的机箱和背板更新；冷却风扇更新；SMC 插件故障数据下载端口正常，可正常下载数据
柜内线路检查	柜内线路绝缘完好，连接正确、可靠，各端子、各插针状态良好；电子板、插头、插座、电缆、铜排紧固状态良好；端子、端子排不许有变形、破损；各可见导体不许有变形、破损；光纤不许有严重变形、明显变色、损伤；连接器不许有变形、明显变色、损伤
电容检查	电容更新
电阻检查	电阻更新
整柜试验	主变流器主回路绝缘检测（使用 1 000 V 兆欧表）绝缘值不小于 100 MΩ；整车试验确认变流装置功能正常可靠
中间电压、水温、水压确认	高压状态下，在 DDU 上点击“维护”|“驱动数据”，在界面上查看中间电压、变流器水温、水压在正常范围（手柄打向前位，中间电压值为 3 500 V 左右，水压不超过 3.7 bar，水温不超过 55 ℃），主界面无中间电压、水温、水压相关故障

制订计划

本任务的任务分配表见表 5-16。

表 5-16 任务分配表

班级		组号		指导教师	
组长		学号			
组员	姓名	学号	姓名	学号	
任务分工					

评价反馈

本任务的任务评价表见表 5–17。

表 5–17　任务评价表

项目名称	评价内容	分值	评价分数		
			自评	互评	师评
职业素养考核项目（40%）	穿戴规范、整洁	8			
	检查检修工具的完整性	8			
	作业环境确认，作业场所安全确认	8			
	工完、料净、场地清	8			
	一丝不苟的精神	8			
专业能力考核项目（60%）	辅助逆变模块故障排查	10			
	四象限过流模块排查	10			
	应急故障处理	10			
	常见故障识别	10			
	高压/低压电流互感器检查	10			
	接地故障排查	10			
总分					
总评	自评（20%）+互评（20%）+师评（60%）=	综合等级	教师（签名）:		

知识链接

牵引变流器的故障处理

5.3.1　故障显示

牵引变流器发生故障时，会在司机显示屏主界面的故障信息界面进行故障提示。司机显示屏历史故障界面记录车组发生过的所有历史故障信息，包括发生的时间和结束的时间，便于对机车运行过程中所有故障信息进行查看。故障显示界面见图 5–27。

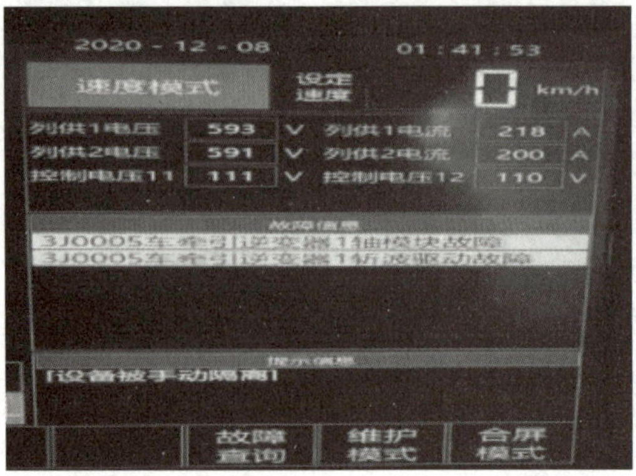

图 5-27　故障显示界面

司机显示屏驱动数据界面显示牵引系统运行参数，包括牵引变流器的中间电压、电机电流、接触器工作状态等参数。牵引变流器与显示屏交互内容除了上述部分数据之外，在其他页面还有其他数据，如 TCU 软件版本信息、设备隔离等。

注意：更换完牵引变流器的部分部件后（尤其是功率模块），首先进行低压 110 V 试车，正常且无牵引变流器故障显示后，升弓，合主断，再进行高压试车。在试车过程中，需观察左侧相关界面是否显示正常。

5.3.2　故障类别

（1）轻微故障：不影响运用通信故障、水压异常故障、速度传感器故障等。

（2）一般故障：隔离本轴接触器卡分故障、接触器卡合故障、牵引电机超速故障、水温异常、水冷系统水压差异常等。

（3）严重故障：跳主断后允许主断闭合四象限输入过流（封锁脉冲 100 ms 后，检测输入电流大于 100 A）；中间回路欠压故障（封锁脉冲 100 ms 后，检测中间电压低于 1 000 V）；功率差异常保护故障；跳主断后禁止主断闭合，变压器次边短路；四象限输入接地；主接触器卡合故障。

注意：变压器次边短路、四象限输入接地允许自动复位一次。

5.3.3　典型故障

1. 接地

输入侧接地：司机显示屏显示“牵引四象限 1（2/3/4）轴输入侧接地、牵引变流器 1（2/3/4）轴断主断、变流柜 1（2）断主断”。

保护逻辑：第一次发生输入侧接地故障后，主断自动断开，5 s 后故障自动消失，允许手动闭合主断；30 min 内第二次检测到输入侧接地，主断自动断开，TCU、CCU 锁存故障，禁止闭合主断，需软件解锁。

中间侧输出侧接地：司机显示屏显示“牵引 1（2/3/4）轴中间回路接地或牵引逆变器 1（2/3/4）输出侧接地”。

保护逻辑：30 min 内出现两次可自动复位，30 min 内出现三次则自动隔离本轴。

牵引系统接地故障检测原理图见图 5-28。

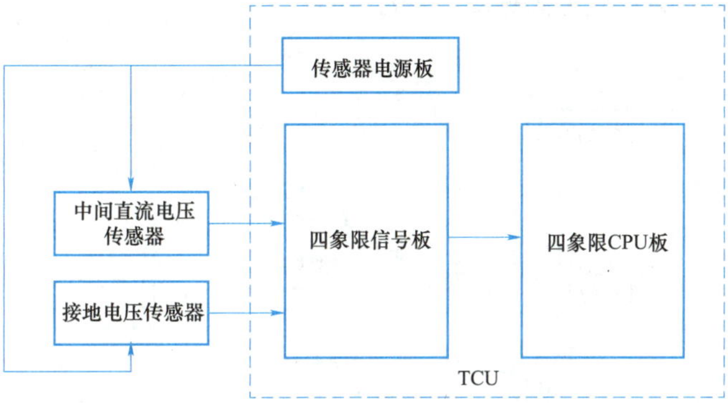

图 5-28　牵引系统接地故障检测原理图

可能导致接地故障的原因：

（1）输入侧存在明显接地（四象限模块接地）。

（2）输出侧存在实际接地（牵引电机接地、电机大线破损）。

（3）直流母线正端或负端发生实际接地。

（4）接地检测相关元件故障（接地电压传感器、四象限信号板、四象限 CPU 板）。

2. 充电回路

牵引充电回路：充电接触器闭合 3.75 s，中间电压低于次边电压的 1.05 倍，报故障。

辅助充电回路：预充电开始 2 s 后，直流母线电压低于 200 V 报故障；预充电时间大于 5 s 后报故障。

列供充电回路：预充电开始 1 s 后，直流电压低于 150 V 报故障；预充电时间大于 3 s 后报故障。

可能导致充电回路故障的原因：

（1）预充电接触器故障。

（2）主接触器故障。

（3）预充电电阻故障。

（4）中间电压传感器故障。

3. 四象限输入过流

四象限输入过流分为瞬时过流和有效过流。

瞬时过流指的是四象限检测到输入电流瞬时值超过 1 838 A。

有效值过流分为两种：其一是四象限检测到输入电流有效值超过 1 300 A，持续 300 ms 且 5 min 内出现三次封锁脉冲；其二是四象限封锁脉冲 100 ms 后，输入电流有效值大于 100 A，上报故障并跳主断。

4. 模块故障排查方法

模块可能引发故障的原因：

（1）TCU 故障（内部驱动模块电源板或其他板卡）。

（2）模块驱动板故障。

（3）反馈线路绑扎工艺，绑扎线过紧，反馈光信号无法传输给 TCU。

牵引模块故障触发机理图见图 5-29。

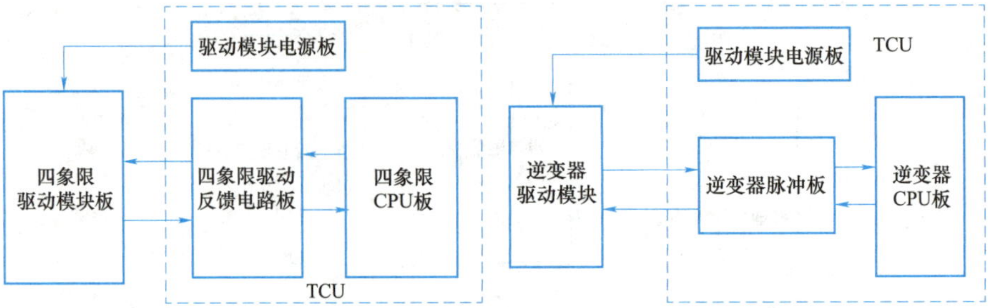

图 5-29　牵引模块故障触发机理图

5.3.4　应急处理

司机显示屏显示牵引×轴模块故障或牵引×轴输入过流或牵引×轴中间回路欠压。此时的应急处理具体如下：

（1）机械师和跟车人员共同确认司机显示屏报出的故障信息是否为模块故障或输入过流或中间回路欠压故障。故障信息确认后，第一时间将其反馈给永济售后技术人员。

（2）确认故障后故障轴变流器是否自动隔离，若未自动隔离，手动隔离后维持运行。注意：故障后，不可进行断电复位操作。

（3）故障后，建议司机调出 6A 显示屏监控信息，由跟车人员实时监控故障位置 6A 数据，若发现有明火或冒烟，需立即联系机械师停车进行紧急处置；若未发现有明火或冒烟，则在适宜地点和时机停车后，联系机械师共同进入机械间进行查看。

（4）若此时变流器仍为高压状态，在保证安全的情况下，检查故障轴对应柜门有无变形、下方是否有液体流出、膨胀水箱液位仪液位是否在正常范围之内（两条红线之间）。如无上述异常，继续维持运行，无须打开变流器柜门检查；如存在上述异常，立即联系永济技术人员，对故障严重程度进行评估。若车辆到段或返回客整所，降弓、断主断后，按照正常故障处置措施对故障轴变流器进行检查反馈。

5.3.5　PHM 简介

PHM 是一种全面的故障检测、隔离、预测和健康管理的技术，利用尽量少的传感器采集系统的状态信息，并借助各种故障算法来监控、预测和管理系统的状态，估计系统或器件的健康程度。它不仅能监测和诊断故障，更能提前预测故障的发生，使得系统在故障之前采取安全容错控制手段或维护维修，从而实现自主式安全保障和最小费用损耗的目标。PHM 诊断流程图见图 5-30。

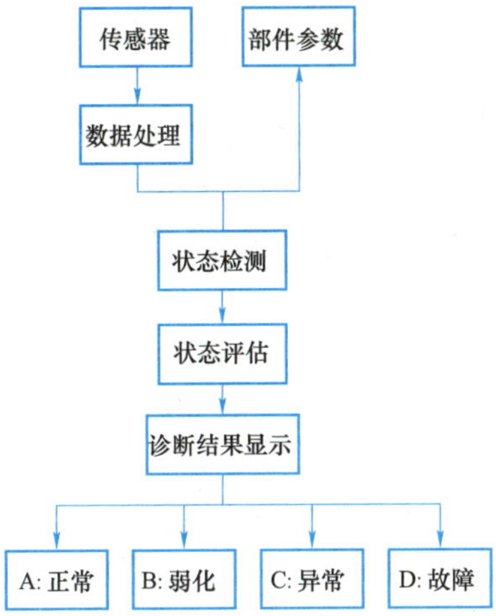

图 5-30　PHM 诊断流程图

1. 短接接触器 PHM 健康诊断

TCU 上电后，通过检测到的短接接触器的动作时间进行判断，当检测到的时间在不同区间时，判断发生接触器预警故障。具体预警信息和含义见表 5-18。

表 5-18　短接接触器预警含义

序号	等级	功能	备注
1	A	正常	TCU 检测到动作时间小于 300 ms
2	B	弱化	TCU 检测到动作时间为 300～600 ms
3	C	异化	TCU 检测到动作时间为 600～1 300 ms
4	D	故障	TCU 检测到动作时间大于 1 300 ms

2. 功率模块 PHM 健康诊断

TCU 上电后，通过检测到的脉冲光纤反馈信号进行判断，当检测到光纤反馈信号灭时，判断发生模块驱动故障。具体预警信息和含义见表 5-19。

表 5-19　功率模块预警含义

序号	等级	功能	备注
1	A	正常	TCU 检测到光纤反馈异常 0 次
2	B	弱化	TCU 检测到光纤反馈异常 1 次
3	C	异化	TCU 检测到光纤反馈异常 2 次
4	D	故障	TCU 检测到光纤反馈异常 3 次

注：D 级以下的 PHM 预警信息，对动车组无任何影响。

5.3.6 日常维护保养内容

（1）定期检查水泵是否渗漏，检查液面高度是否符合要求，如需要则补充冷却液。

（2）定期检查变流器柜各高压指示灯是否正常。

（3）定期检查柜内、柜外是否有污垢和灰尘，可使用真空吸尘器和干燥抗静电布料清洁内部区域。

（4）检查其他各可见部位电器、电子部件接线状态。

（5）定期检查复合母排表面绝缘层是否完好，有无变形，与功率模块和电容接触是否良好。

（6）定期检查电容器表面是否出现漏油现象。

（7）定期检查 LC 滤波器，如有烧损、脱落现象，应进行更换。

（8）定期检查充电电阻器、放电电阻器和斩波电阻器是否出现变形。检查引出线端子是否松动。

（9）定期检查插头、插座的插接是否良好，连线应无破损、缩针、断针现象。

（10）定期检查各紧固件防松标记，各部紧固状态应良好、无松动。

（11）定期对主接触器、预充电接触器、预充电电阻、放电电阻器、斩波电阻、支撑电容、TCU、ACU、PCU、电压检测板、复合母排、膨胀水箱、水泵等部件进行外部清洁。

寓德于课

牵引变流器故障排查与重要事故案例——CRH2 型动车组牵引丢失事件

1. 案例背景

2023 年某月，一列 CRH2 型动车组在高速行驶过程中，突然发生牵引丢失事件，列车速度迅速下降，司机立即采取紧急制动措施，确保列车安全停靠在最近的车站。事件发生后，铁路部门迅速组织专家团队对故障进行排查，最终确定故障原因为牵引变流器冷却单元故障。

2. 故障现象与初步判断

故障发生时，列车监控系统显示牵引变流器冷却单元压力异常，同时伴随有牵引丢失的报警信号。司机根据应急预案，立即采取紧急制动措施，确保列车安全停稳。初步判断，故障可能与牵引变流器冷却系统有关，因为冷却单元压力异常往往会导致牵引变流器过热，进而引发牵引丢失。

3. 故障排查与原因分析

专家团队到达现场后，首先对列车进行了全面检查，特别是针对牵引变流器冷却单元进行了详细排查。通过检查发现，冷却单元入口压力传感器存在进水现象，导致传感器读数异常，进而触发了牵引丢失的报警信号。进一步分析发现，冷却单元内部可能存在密封不严或管路老化等问题，导致冷却水渗入传感器。

4. 处理措施与后续改进

针对故障原因，专家团队立即采取了应急处理措施，包括更换故障的冷却单元入口压力传感器，并对冷却单元进行全面检查和维修。同时，铁路部门还决定对所有同型号的动车组进行排查，确保类似问题不再发生。此外，为了从根本上解决问题，铁路部门还计划对牵引变流器冷却系统进行升级改造，提高系统的可靠性和耐久性。

5. 案例启示

本案例充分展示了牵引变流器在动车组运行中的重要性，以及故障排查和处理的复杂性。通过本案例的学习，学生可以深刻认识到牵引变流器故障对动车组运行安全的严重影响，以及故障排查和处理的重要性。同时，本案例还强调了预防为主的理念，提醒学生在未来的工作中要注重设备的日常维护和保养，及时发现并处理潜在问题，确保设备的安全可靠运行。

课后拓学

学习 CR200J 型动车组牵引变流器故障处理的方法

项目 6　牵引电机的维护与检修

任务 6.1　牵引电机的预防性维修

★ **知识目标**

（1）学习 CR200J 型动车组牵引电机的基本结构和组成；
（2）学习 CR200J 型动车组牵引电机的主要技术参数和使用环境；
（3）学习 CR200J 型动车组牵引电机的工作原理。

★ **能力目标**

（1）熟悉牵引电机预防性检修的流程步骤，能够熟练进行牵引电机的外观检查工作；

（2）了解牵引电机的维修计划安排，掌握具体的维修作业操作内容，具备提前发现并排查故障的能力。

★ 素质目标

（1）引导学生树立“安全第一”的观念，强化责任感与担当精神；

（2）增强学生的团队合作能力，培养集体荣誉感。

★ 课前自学

本任务的课前自学资料见表 6-1。

表 6-1　课前自学资料

知识补习型	扫码了解三相异步电机的机械特点
技能补训型	扫码了解三相异步电机的维修

★ 课前自测

问题 1：三相异步电机的机械特点是什么？

问题 2：三相异步电机的维修主要包含哪些方面？

任务导入

通过对牵引电机开展预防性维修实训，使学生进一步熟悉牵引电机的结构，掌握牵引电机预防性维修中季度修的检修和具体维修作业内容，学会使用专业工具开展预防性维修，树立“安全无小事”的责任意识和质量意识。本任务的任务清单见表 6–2。

表 6–2　任务清单

序号	任务内容	任务要求
1	牵引电机预防性维修季度修	能够详细描述牵引电机预防性维修季度修的检修要点
2	牵引电机预防性维修一般工艺流程设计	能够列出牵引电机预防性维修的一般工艺流程
3	牵引电机的主要组成和工作原理	能够详细描述牵引电机各部件的组成和工作原理

任务实施

本任务的任务实施方案见表 6–3。

表 6–3　任务实施方案

工序/工步	工序/工步名称和内容
	季度修
1	**工前准备**
1.1	向工长领取并确认作业计划
1.2	安全注意事项如下： （1）确认车列已设置防溜。 （2）降下受电弓，断开主断路器，变流器柜上各高压指示灯熄灭。 （3）挂设接地杆，插设防护信号标志牌。 （4）作业人员必须按规定穿戴个人防护用品（穿好防护服、绝缘鞋，戴好安全帽等），个人防护用品不过期
1.3	开工前对所使用的工具、材料进行状态检查，确认其技术状态良好
2	**牵引电机清洁和外观检查**
2.1	牵引电机悬挂装置连接无松缓现象，橡胶关节无老化，安装良好，满足运用要求。牵引电机悬挂检查见图 6–1。  图 6–1　牵引电机悬挂检查

续表

工序/工步	工序/工步名称和内容
2.2	机座不许有裂纹、损伤，电机铭牌应完好、清晰、牢固
2.3	传感器电缆紧固夹不许有脱落。牵引电机电缆检查见图 6–2。  图 6–2　牵引电机电缆检查
2.4	下部排水孔无堵塞现象
2.5	端盖上的网罩板不许有裂纹
2.6	轴承附近区域不许漏油
2.7	机车车载安全防护系统（6A 系统）地面专家诊断分析中，轴承不许有异常
2.8	按照要求补充油脂。补脂时，检查油嘴，不许有松动、破损，油道应畅通。 注： FXD_1 株洲电机：美孚 SHC220（35 g/10 万 km 或 3 个月）; FXD_3 永济电机：长城牌铁路牵引电机润滑脂（30 g/20 万 km）
2.9	检查牵引电机风筒，外观应良好、无破损，各安装螺栓齐全、紧固

制订计划

本任务的任务分配表见表 6–4。

表 6–4　任务分配表

<table>
<tr><td>班级</td><td></td><td>组号</td><td></td><td>指导教师</td><td></td></tr>
<tr><td>组长</td><td></td><td>学号</td><td colspan="3"></td></tr>
<tr><td>组员</td><td colspan="5">
<table>
<tr><td>姓名</td><td>学号</td><td>姓名</td><td>学号</td></tr>
<tr><td></td><td></td><td></td><td></td></tr>
<tr><td></td><td></td><td></td><td></td></tr>
<tr><td></td><td></td><td></td><td></td></tr>
<tr><td></td><td></td><td></td><td></td></tr>
<tr><td></td><td></td><td></td><td></td></tr>
</table>
</td></tr>
<tr><td colspan="6">任务分工</td></tr>
<tr><td colspan="6"></td></tr>
</table>

评价反馈

本任务的任务评价表见表 6–5。

表 6–5 任务评价表

项目名称	评价内容	分值	评价分数		
			自评	互评	师评
职业素养考核项目（40%）	穿戴规范、整洁	8			
	安全意识、团队合作	8			
	作业环境确认，作业场所安全确认	8			
	检查检修工具校验日期是否在有效期内	8			
	企业现场管理 6S 标准	8			
专业能力考核项目（60%）	悬挂装置检查	10			
	机座端盖等检查	10			
	传感器电缆紧固夹检查	10			
	机车车载安全防护系统（6A 系统）地面专家诊断查看	10			
	补充油脂	10			
	电机的基础知识	10			
总分					
总评	自评（20%）+互评（20%）+师评（60%）=	综合等级		教师（签名）：	

知识链接

CR200J 牵引电机的结构和主要技术参数

6.1.1 牵引电机概述

CR200J 牵引电机采用的是 YJ277B 电机，是永济电机公司依托大功率交流传动电力机车牵引电机设计制造平台成功研制的新结构异步牵引电机。该型电机作为牵引电机配装于列车平台时速 160 km 动力集中型动车组，具有以下特点：

（1）电机由 VVVF 逆变器系统驱动，一台逆变器供电给一台电机。

（2）电机采用单端轴承支撑、薄板式联轴节输出，有效降低了电机轴承载荷。

（3）电机定子采用薄机壳结构，以减轻质量并改善散热。

（4）定子绕组采用 200 级绝缘结构，经过浸水试验以提高电机防潮性能。

（5）转子采用坚固的鼠笼式结构。转子鼠笼导条、端环材料采用高强度铜合金，用以提高转子的强度和可靠性。

（6）电机采用绝缘轴承，在电机非传动端端盖处设有注油口和注油标牌。

（7）电机设置绝缘结构接线盒和接地线，三相引出线设置相序标识防止接错，接地线设置接地标牌，提高电机的可用性和安全性。

（8）电机设置速度传感器、定子温度传感器及测量轴承温度、振动的传感器接口，用于检测电机的转速和温升，从而提高电机的可靠性。

6.1.2　牵引电机结构

电机主要由定子和转子两部分组成。转子装在定子腔内，由前后端盖支撑固定，定子和转子之间有气隙。电机采用单端联轴节输出；非传动端装有绝缘圆柱滚子轴承，采用专用润滑脂润滑；采用轴向强迫通风方式，冷却风从传动端齿轮箱进风口进入，从非传动端端盖轴向排出。

1. 定子部分

定子部分用于产生旋转磁场，主要由定子铁芯、定子线圈、导电环、三相引出线、端箍、固定支架、接线盒等部分组成。为实现整机轻量化，采用无机座的结构，全悬挂安装，采用两个压圈和拉板将定子铁芯焊接为一体式结构；定子冲片采用冷轧无取向硅钢片冲制而成，叠片两端由定子端板压紧；电机两端压圈上各安装有 6 个支架，用以固定线圈端部，减小因线圈端部振动带来的安全隐患；电机接线盒采用成熟的结构形式，密封性好、可靠性高、拆装方便。定子结构见图 6–3。

图 6–3　定子结构

2. 转子部分

转子结构设计时参照了 HXD_{3D} 型机车牵引电机转子结构，由于动力集中型动车组牵引电机的最高转速 3 654 r/min 高于 HXD_{3D} 型机车牵引电机的 2 782 r/min，所以转子增加了护环结构。HXD_{3G} 型机车牵引电机转子就选用此种端环加护环的结构。

转子部分主要用于感应电磁转矩输出机械能。转子由转轴、转子冲片、转子压板、端环、导条、护环、锁紧螺母、联轴节、平衡块等部件组成。转子组成见图 6–4。

转子的导条和端环采用中频感应焊接成一体，护环热套在端环上。导条的材料为高导电合金铜，端环的材料为高强度合金铜，护环材料为一种耐腐蚀、耐热的优良合金钢。转子冲片采用 0.5 mm 厚的冷轧无取向硅钢片冲制而成。转子槽数 58，槽型采用矩形槽。转子设两排通风口。转子叠片和转轴间无键槽，采用热套配合，薄板联轴节热套在转轴上用来传递扭矩。转子叠片两端通过转子压板压紧，并在一端用焊接螺母锁紧。导条与转子冲片配合采用导条胀紧处理，使鼠笼导条在电机转动时不松动。

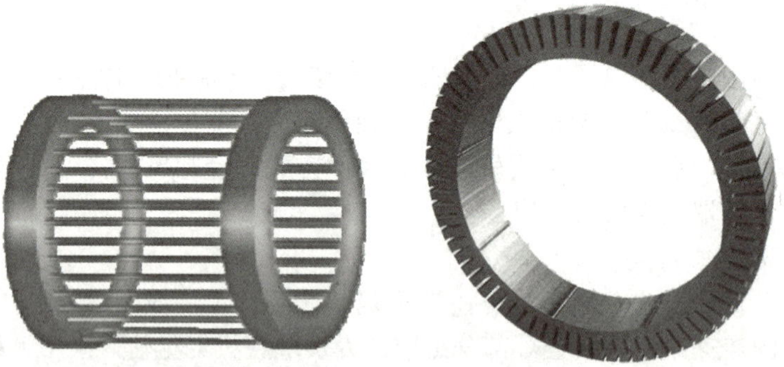

图 6-4　转子组成

3. 非传动端端盖和轴承

非传动端端盖采用铸钢材料，在轴承室里安装了测速齿盘，齿数 118，速度传感器固定在安装座上，端盖上设置了注油口和 6A 系统接口。

该电机只有一个轴承，安装在非传动端，润滑脂采用牵引电机专用锂基脂，轴承为绝缘轴承，型号为 NUB220，轴承极限转速 4 500 r/min，满足使用要求。

如果轴承有任何异常，如断裂、凹痕、裂纹等损伤，应更换，并同时更换相同型号的滚柱轴承的内圈、外圈。

对全面检查的轴承部的组装，润滑脂的填充按照以下要求进行：

（1）使用润滑脂：长城牌铁路机车牵引电机轴承脂。

（2）润滑脂填充量和再润滑周期，按注油标牌执行，注油标牌位于注油口旁。

4. 其他重要部件

1）速度传感器

速度传感器安装在电机非传动端，测速齿盘齿数 118，模数 2 mm，允许温度范围−40～+120 ℃，各项指标均满足用户提供的技术文件要求。

双脉冲式的速度传感器安装在非传动端的端面处。因为这个速度传感器将两个传感元件内置在一个传感器本体中，结构极为简单，故而速度传感器只安装在安装底座上，不需要进行缝隙调整等操作。进行机车整体耐压试验时，拔下速度传感器用连接插头，不要给速度传感器施加电压。速度传感器由于长期使用会造成机能降低，应进行定期检查。在确定速度传感器机能降低后，应更换。

2）温度传感器

电机的定子铁芯上安装有温度传感器，为单通道四线制 Pt100 型，采用的四线制温度传感器受线长影响较小，测量误差小，性能和接口要求满足用户提供的接口文件要求。

电机定子铁芯安装的温度传感器，用于监控定子的温度，保证电机的安全运行。时速 160 km 动力集中型动车组动力牵引电机初步实现了牵引电机简统化设计，其中两种车型牵引电机的速度传感器、温度传感器和加油嘴可以互换共用。

6.1.3　牵引电机运行条件

海拔高度：不超过 2 500 m；

环境温度（遮荫处）：−40～+40 ℃；

最湿月月平均最大相对湿度：≤95%（该月月平均温度最低为 25 ℃）；

风速：最大风速一般年份 15 m/s，偶有 33 m/s；

环境条件：雨、雪、冰、风、砂、粉尘、沙尘、光辐射等；

运行条件：机车正常运行时产生的冲击和振动符合《轨道交通　机车车辆设备冲击和振动试验》（GB/T 21563—2008）标准 2 类的规定。

6.1.4　牵引电机技术参数

技术参数见表 6–6。

表 6–6　技术参数

名称	鼠笼式异步电机	名称	鼠笼式异步电机
额定功率/kW	1 430	额定效率	95%
短时功率（30 min）/kW	1 633	功率因数	0.88
额定电压/V	2 300	绝缘等级	200
额定电流/A	435	极数	4
额定转矩/（N • m）	8 211	工作制	连续
起动转矩/（N • m）	9 277	冷却方式	强迫风冷
恒功率转速范围/（r/min）	1 663～3 510	冷却通风量/（m^3/s）	1.8 静压：2 500 Pa
最高转速（全磨耗轮）/（r/min）	3 654	电机质量/kg	≤2 180

6.1.5　牵引电机工作原理

用一对永磁铁在空间以 n_0 的转速顺时针旋转，模拟定子产生的旋转磁场；转子固定在转轴上，安装在定子腔内中心。根据电磁感应原理，鼠笼式转子在磁场 N、S 两极之间，当磁场向顺时针方向以 n_0 的转速转动时，转子中将产生感应电动势、感应电流，可以按右手定则判定其方向。此时磁场顺时针旋转，相当于磁场不动，转子逆时针切割磁力线，磁力线穿过手心，拇指是运动方向，四指是电流方向，从而判断 N 极下的转子绕组电流方向指出纸面，S 极下的转子绕组电流方向指向纸内，这样在旋转磁场中的转子上便产生感应电流。

同样根据电磁感应原理，带电的转子绕组在磁场中就会受到电磁力 F 的作用，可以用左手定则判断转子绕组所受力的方向。磁力线穿过手心，四指是电流方向，拇指是运动方向，从而判断 N 极下的转子绕组在磁场中受力向右，S 极下的转子绕组在磁场中受力向左，这样转子绕组与磁场相互作用产生电磁力 F，电磁转矩 T_{em} 使转子以转速 n 旋转。从这一运动过程中可以得出结论：转子的转向和磁场的转向是一致的，但转子转速 n 小于磁场转速 n_0。磁场转速 n_0 又称为同步转速 n_0，由于电机转速与同步转速不一致，因此把这种电机称为异步电机。转动原理见图 6-5。

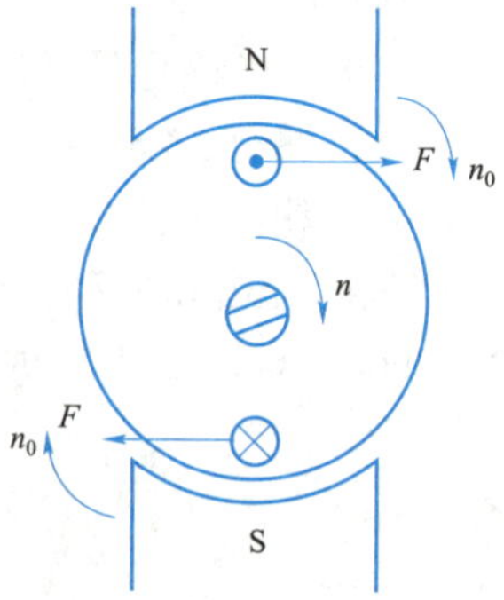

图 6-5　转动原理

三相异步电机的工作原理是：

（1）三相电流通入三相绕组，在电机内部可自动产生一个旋转磁场，转速为 n_0。

（2）转子导体被旋转磁场切割产生感应电动势。

（3）自成闭路的转子载流导体在磁场中受到电磁力作用。

（4）电磁力作用于转子可产生电磁转矩，使转子以转速 n 旋转，拖动机械负载。

1. 调速原理

牵引电机调速采用变频变压调速技术。异步电机转速、电动势和电磁转矩计算式如下：

$$转速\ n=\frac{60f}{p}(1-s)$$

$$电动势\quad E_1=4K_1N_sK_{4p1}\Phi$$

$$电磁转矩\quad T_{em}=C\Phi I_r\cos\varphi$$

式中：n 为转速；f 为定子频率；s 为转差率；p 为电机极对数；E_1 为电动势；K_1 为波形系数；N_s 为每相串联匝数；K_{4p1} 为绕组系数；Φ 为磁通；T_{em} 为电磁转矩；C 为常数；I_r 为转子电流；$\cos\varphi$ 为功率因数。

改变定子频率，即可改变电机转速。随着定子频率的增加，电机转速相应增加。如果电压不增加，将导致电机磁场减弱，电磁转矩将降低。当电机磁场降到很低时，电机不能输出足够的转矩，就无法满足负载要求。另外，当低频起动时，如果电压很高，将导致电机过饱和。因此，异步电机变频时，电压也应在一定范围内保持一定比例的变化，这种调速方式称为变频变压调速。牵引电机变频调速主要采用恒转矩变频调速、恒磁通变频调速、恒功率变频调速等方式。

2. 牵引与再生制动原理

（1）在 $0<s<1$ 的范围内，电磁转矩与转子转向相同，它拖动转子旋转，牵引电机从逆变器吸收电能转换为机械能，克服机车阻力驱动机车运行，处于电动机运行状态。

（2）$s=1$ 为起动运行状态。

（3）在 $s<0$ 的范围内，转子转向与定子旋转磁场一致，转子转速 n 大于电机同步转速 n_1，电磁转矩与转子转向相反，它阻碍转子旋转，电机将机车机械能转换为电能传送给逆变器，对机车产生制动转矩，电机处于发电机运行状态，称为再生制动。

3. 牵引电机控制

牵引电机控制采用基于磁场定向的矢量控制策略，采用磁链和电流闭环的控制方法和脉冲调制方式等。牵引逆变器采用成熟的矢量控制技术，将异步电机的模型通过坐标变换等效成直流电机模型，分别控制电机的励磁电流和转矩电流，极大地提高了电机的利用效率，同时使得逆变器输出转矩更加平稳。机车运行时，逆变器根据司机给出的手柄级位、机车速度等相关信息，自动计算每个轴应承担的牵引力，通过防滑、防空转控制策略对每个轴输出的牵引力进行动态调节，保证每个轴在现有的黏着条件下发出最大的牵引力，而不会产生擦轮现象。

寓德于课

“动力心脏”专家李伟业　领跑高铁“永磁时代”

从醉心电机学习到潜心电机研究，他用不服输的精神，攻克了高铁永磁电机的多项“卡脖子”难题，填补了国内此项技术的空白；从双轨动车到单轨列车，他用永不言弃的创新，研制出国内首列跨座式单轨车用永磁电机，打破了国外技术垄断，实现了我国运载装备动力技术从“落后”到“追赶”再到“领跑”的战略升级。

从技术到管理，他用不止步的奋斗，搭建起上百人的科技创新团队，承担起国家级、省部级、市级多项重点科技研发计划项目，为新能源、轨道交通、特种装备等领域驱动电机设计和智能制造装备技术，建立起了“研制一代、应用一代、储备一代、探索一代”的创新能力。

李伟业和团队迎难而上，从部件设计到产品试制，从跟踪试验到数据记录，都亲力亲为。经过两年的努力，他们成功完成了装车电机的方案定稿，并攻克了永磁电机的一系列技术难题。最终，他们研发出的高铁永磁电机，功率密度和额定效率均达到国际领先水平，实现了永磁高速列车 350 km/h 的世界最高商业运营速度。

2013 年，李伟业又主动请缨，攻克了跨座式单轨列车永磁牵引电机的技术难题。他带领团队，经过一年多的日夜奋战，终于研制出了国内首列跨座式单轨车用永磁电机，打破了国外技术的垄断。

2019 年，李伟业再攀高峰，成功研制出全球首款 400 km/h 高速动车组永磁同步牵引电机，各项技术指标达到国际领先，为我国轨道交通牵引电机技术实现从“跟随”到“领跑”作出了重要贡献。

2020 年，李伟业调任襄阳中车电机技术有限公司副总经理、总工程师。他多方觅才，构建起多学科的人才梯队，并与多所知名高校建立合作关系。在他的推动下，公司构建了完整的电机标准体系和知识产权体系，实现了从方法、技术到整机的完整产业布局。

李伟业以其匠心独运、勇于担当的精神，不断推动着我国电机技术的发展。他的故事激励着每一位学子，心怀梦想，勇往直前，为国家的科技进步贡献自己的力量。

课后拓学

学习 CR200J 型动车组牵引电机预防性维修的主要内容

任务 6.2　牵引电机的更正性维修

★ 知识目标

（1）学习 CR200J 型动车组牵引电机的清洁方式；
（2）学习 CR200J 型动车组牵引电机不同结构的维护；
（3）学习 CR200J 型动车组牵引电机不同故障的维护。

★ 能力目标

（1）熟悉牵引电机故障的排查技巧，能够熟练运用各种方法准确找出故障点，并具备分析故障原因和制定解决方案的能力；

（2）熟练掌握牵引电机各类常见故障的具体处理步骤和操作流程，能够迅速、有效地对故障进行修复，确保电机正常运行。

★ 素质目标

（1）培养学生树立“安全至上”的责任感，追求卓越的“大国工匠”精神，注重细节，精益求精。

（2）增强学生的民族自信心和自豪感，培养集体荣誉感，使学生以身为中华民族的一员而感到骄傲。

★ 课前自学

本任务的课前自学资料见表 6–7。

表 6–7　课前自学资料

知识补习型	扫码了解三相异步电机调速特性
技能补训型	扫码了解三相异步电机的启停电路

★ 课前自测

问题 1：三相异步电机的调速特性是什么？

问题 2：三相异步电机的启停电路是什么？

任务导入

通过对牵引电机常见故障查找和处理的实训，使学生进一步熟悉牵引电机的结构，掌握牵引电机的故障处理方法和流程，学会使用专业工具开展更正性维修，树立“安全无小事”的责任意识和质量意识。本任务的任务清单见表 6–8。

表 6–8　任务清单

序号	任务内容	任务要求
1	牵引电机故障查找和处理	能够对牵引电机常见故障进行查找并处理
2	牵引电机关键部件的更换	能够对牵引电机的关键部件进行更换
3	牵引电机拆解后具体维修内容	能够对拆解后的各部件进行检修

任务实施

本任务的任务实施方案见表 6–9。

表 6–9　任务实施方案

工序/工步	工序/工步名称和内容
1	**定子线圈的更换**
1.1	当定子线圈上层边绝缘局部损伤时，允许局部修理；当定子线圈出现异常和烧损严重情况时，须按下列顺序更换全部线圈： （1）将定子清扫干净。 （2）切断定子线圈两端绑扎带并将其取出。 （3）将定子放进烘箱进行加热，加温至 130 ℃保持 8 h。 （4）将定子从烘箱中取出，用专用工具打出槽楔并迅速将定子线圈从铁芯槽中拔出。 （5）清扫铁芯槽内部。 （6）将新的定子线圈嵌进所更换的铁芯槽中。 （7）将定子槽楔用专用工具打入槽内。 （8）对定子线圈两端进行绑扎。 （9）对定子进行真空压力浸漆。 （10）对定子进行干燥烘焙。 （11）进行匝间耐压检查和对地耐压检查
2	**轴承的更换**
2.1	（1）按照知识链接中介绍的要求和顺序将牵引电机解体。 （2）按照知识链接中介绍的方法将轴承内圈从转轴上拔出。 （3）按照知识链接中介绍的方法将轴承外圈从端盖上拔出。 （4）检查新轴承的型号、尺寸，并将其清洗干净，按要求填充润滑脂。 （5）清洗转轴、油封、端盖等相关部件，按要求填充润滑脂。 （6）用液压装置将 N 端轴承压入 N 端内轴承盖，再将轴承与 N 端内轴承盖一起压入转轴。 （7）用液压装置将 D 端轴承外圈安装到端盖轴承室内，将 D 端轴承内圈用手推入转轴。 （8）按要求将电机组装好，检查轴承装配游隙和转子轴向窜动量。 （9）电机空转 30 min，检查电机振动和轴承发热情况

续表

工序/工步	工序/工步名称和内容
3	**温度传感器的更换**
3.1	(1) 将温度传感器紧固螺栓拧出，然后取出温度传感器探头。 (2) 按要求对温度传感器进行检测。 (3) 将新温度传感器探头装入安装孔，注意安装到位，拧紧紧固螺栓。 (4) 装好线卡，拧紧紧固螺栓。 (5) 按要求检测对地绝缘电阻

制订计划

本任务的任务分配表见表 6-10。

表 6-10　任务分配表

班级		组号		指导教师	
组长		学号			
组员	姓名	学号	姓名	学号	
任务分工					

评价反馈

本任务的任务评价表见表 6-11。

表 6-11　任务评价表

项目名称	评价内容	分值	评价分数		
			自评	互评	师评
职业素养考核项目（40%）	穿戴规范、整洁	8			
	安全意识、责任意识	8			
	作业环境确认，作业场所安全确认	8			
	工完、料净、场地清	8			
	企业现场管理 6S 标准	8			
专业能力考核项目（60%）	定子线圈的更换	10			
	轴承的更换	10			
	温度传感器的更换	10			
	常见故障的处理方式	10			
	轴承的维修	10			
	牵引电机的清洁	10			
总分					
总评	自评（20%）+互评（20%）+师评（60%）=	综合等级		教师（签名）:	

知识链接

牵引电机的清洁与维修

6.2.1　牵引电机的清洁

根据污垢类型，建议使用下列清洁用具：

（1）机械工具：刷子和木棒（不适用于绕组）。

（2）压缩空气，最大压力 500 kPa。

如果污染严重，必须使用合适的弹性轴状物和刷子清理定子和转子冷却风道、注油孔、回流孔、迷宫式密封环的油脂管道、盖板、半轴瓦、端盖（N 端）、迷宫式密封环（齿轮）、D 端端盖、轴承盖、齿轮箱及迷宫式密封环（齿轮内部），然后用压缩空气将污垢吹出。如果只有少许灰尘，则直接吹出即可。

6.2.2　定子的维修

维修内容包括：检查电机机械部分的外部损坏情况，清洁定子绕组表面灰尘和油污，对损坏的油漆部分进行补漆。具体要求如下：

（1）检查所有部件的配合表面和支座表面是否处于完好状态。

（2）检查连接引线是否损坏。

（3）检查温度传感器工作情况。

（4）检查定子绕组（包括绕组连接器）是否存在机械损坏和电气损坏。

（5）使用 10 A 直流电源，测量每对端子之间的绕组电阻值。

（6）在端子 U1–U2/V1–V2/W1–W2 之间施加试验电压。

（7）在 20 ℃温度下，测得电阻值应在典型值 0.059 064 Ω的±5%范围。

（8）测量定子绕组绝缘电阻：

新绕组：绝缘电阻≥100 MΩ（DC 2 500 V）；

旧绕组：绝缘电阻≥3.6 MΩ（DC 2 500 V）。

（9）定子绕组耐压试验：

新绕组：DC 8 200V；

旧绕组：DC 6 150 V。

6.2.3　转子的维修

转子维修的具体内容如下：

（1）检查轴（特别是轴承支座）、联轴节、铁芯和鼠笼绕组是否存在机械损伤。

（2）检查所有铜焊接头，特别检查是否有热过载（短路）引起的变色迹象。

（3）检查铁芯，保证所有电机硅钢片均压紧在一起，特别是最后的叠片结构的槽齿，应压紧在一起。不允许有凸出的叠片结构，因为凸出部分可能导致绕组损坏。

（4）如果电机运转不平稳，应检查转子的平衡质量。技术要求参见厂家提供的转子装配图纸。

（5）检查鼠笼绕组是否破损，在任何情况下，鼠笼绕组都不能破损。

6.2.4　轴承的维修

在机车运行 100 万 km 后的全面维修期内，应更换电机轴承。建议每次拆下转子后更换轴承，即便只有几千 km 的短运行距离。在运行很短的距离就拆下转子维修，准备重复使用轴承时，例如非计划拆卸后，不应将轴承从端盖或轴承座中压出，且不应将 N 端轴承内环从轴上拉出。此时，应使用对应清洁剂彻底清理轴承，然后在 100 ℃温度下烘干。之后，轻轻地在滚动元件和滚道上涂一层油。只有确认轴承处于完好状态下，才能再次使用。此外，还需要检查轴承绝缘，应完好。

6.2.5　温度传感器维护

（1）绝缘电阻测量：

A–B 端（对机壳）：≥50 MΩ（DC 500 V）；

C–D 端（对机壳）：≥50 MΩ（DC 500 V）。

（2）不同温度下电阻测量：

温度为 0 ℃，电阻为（100.0±0.12）Ω；

温度为 10 ℃，电阻为（103.9±0.14）Ω；

温度为 25 ℃，电阻为（109.7±0.16）Ω；

温度为 40 ℃，电阻为（115.0±0.19）Ω。

6.2.6 速度传感器维护

（1）绝缘电阻测量：

对机壳：≥50 MΩ（DC 500 V）。

（2）检查安装是否可靠、牢固。

（3）检查脉冲数，速传每转动 1 圈发出 110 个脉冲。

（4）检查脉冲相位，正常相位 90°±70°。

（5）检查脉冲幅值，正常幅值高电平≥9 V，低电平≤1.5 V。

6.2.7 牵引电机常见故障查找和处理方法

牵引电机常见故障查找和处理方法见表 6-12。

表 6-12 牵引电机常见故障查找和处理方法

序号	故障现象/信息	可能的原因	检查方法	修复方法
1	无接地	与机座无接触，等电位连接不够	检查接地座、接触面是否腐蚀，紧固件是否松动	清洁，拧紧螺栓
2	接地故障信号	连接导线和接地接触损耗	检查连接导线和电缆密封套	更换连接导线；检查导线是否有锋利边缘和擦破现象，有则修复
		绕组绝缘破损	检查绝缘电阻	检查电机内是否有异物，有则进行处理
		机座的接线区有水	退出转子和轴承防护板（N 端）	将机座干燥处理，检查排水孔
3	冒烟和烧焦气味	绕组绝缘破损	检查绕组和绝缘电阻	检查电机内是否有异物，有则进行处理
		轴承损耗	轴承盖变色；轴承变色或变形；轴承损坏，只有拆卸后才能确定是否损坏	拆除轴承；确定原因，如卡滞、润滑失效、过载、润滑不够等，进行针对性修复
		连接导线破损或中断	检查连接导线	更换连接导线；检查导线是否有锋利边缘和擦破现象，有则修复

续表

序号	故障现象/信息	可能的原因	检查方法	修复方法
4	“咔嗒”声	轴承损坏	拆卸轴承盖，测量振动	检查电机中是否存在碎片，转子铁芯是否接触到定子铁芯，进行针对性处理
5		驱动联轴节松动或破裂	检查螺纹连接，目视检查	螺栓拧紧到规定扭矩
6	径向振动	轴承损坏	拆卸轴承盖，测量振动	检查电机中是否存在碎片，转子铁芯是否接触到定子铁芯，进行针对性处理
7	无电机扭矩输出	连接导线损坏	检查连接导线	更换连接导线；检查导线是否有锋利边缘和擦破现象，有则修复
		绕组与线鼻子连接松动	拆下接线盒盖板	检查连接情况，进行针对性处理
8	变化的速度信号	速度传感器的连接导线中断	检查连接导线，检查插头连接	更换连接导线，修复插头连接
		速度传感器松动	检查紧固情况	固定传感器
		速度传感器故障	检查传感器	更换传感器
9	油脂泄漏	轴承过润滑	拆下轴承盖	清除多余油脂，清洁所用油管，固定所用油脂盖板
10	油脂污染或过早老化	轴承内有电流	拆卸后目测检查	确定电流产生的原因并采取适当的措施
11	油泄漏	过量填充，破损，螺栓松动	检查油位，检查螺栓是否紧固，检查油管是否破损	纠正油位，如果油管破损应更换，如果螺栓松动应拧紧

寓德于课

安全无小事——高铁牵引电机故障处理

1. 案例背景

在某次高铁运营过程中，一列CRH3型动车组在运行至某区间时，突然报告牵引电机故障，列车速度受限，需紧急处理。随车机械师迅速响应，通过监控系统发现牵引电机温度传感器数据异常，初步判断为牵引电机温度过高导致保护系统启动。

2. 故障现象分析

监控系统显示牵引电机温度传感器读数持续上升，超过预设阈值。列车速度自动受限，提示牵引系统存在故障。

3. 故障查找

随车机械师首先检查牵引电机外观，未发现明显异常。进一步读取牵引控制单元（TCU）数据，发现故障电机对应的温度传感器信号异常。对温度传感器进行电阻测量，发现其阻值偏离正常范围，初步判断温度传感器损坏。

4. 故障处理

随车机械师检查后决定更换牵引电机温度传感器。在更换过程中，严格遵守安全操作规程，确保作业安全。更换完成后，对牵引系统进行解锁复位，并进行车组试验，确认故障已消除，列车恢复正常运行。

5. 案例启发

时刻牢记在故障处理过程中“安全无小事”的原则。无论是日常检查还是故障处理，都必须严格遵守安全操作规程，确保人身和设备安全。通过此次案例，深刻认识到安全在高铁运营中的重要性。

课后拓学

学习为 CR200J 型动车组牵引电机轴承加注油脂的方法和注意事项

项目 7　网侧高压设备的维护与检修

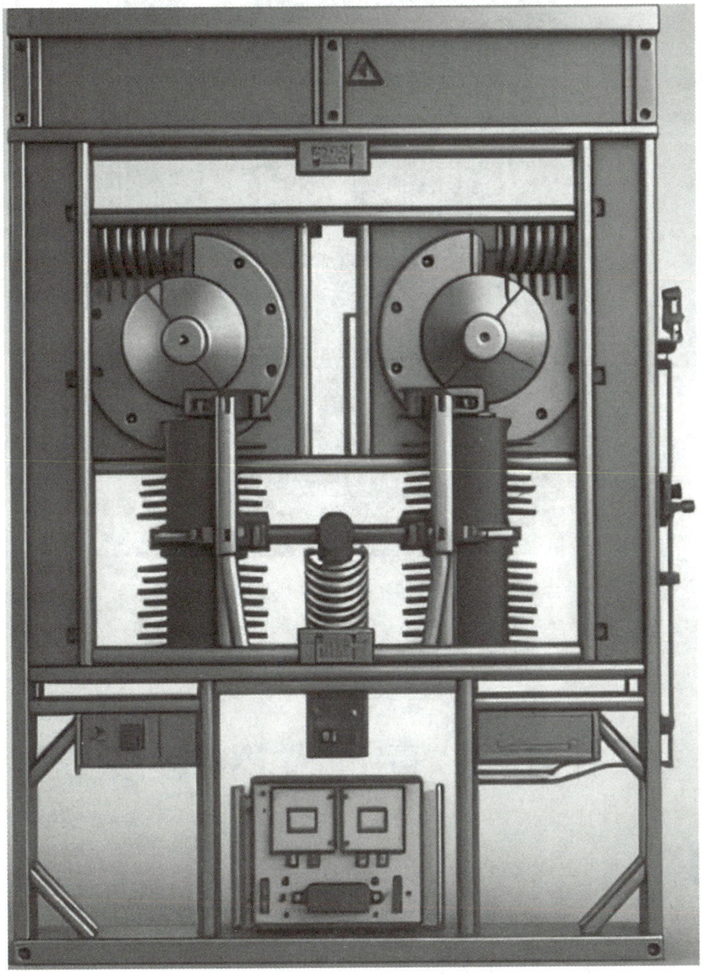

网侧高压设备安装于网侧柜内，网侧柜几何尺寸为 1 600 mm×1 050 mm×2 000 mm，总质量约 810 kg；网侧柜下部柜中间安装有两个真空断路器和一个避雷器；柜前安装有高压接地开关：柜后上部安装有两个高压互感器：柜右侧外部安装有进气管路；柜内左右上部各安装有一个支撑用的绝缘子，用于连接受电弓来的高压电缆；高压互感器二次侧保护的微型断路器安装在高压接地开关下方；微型断路

器外设有防护门；高压互感器开关盒下是端子排。

网侧柜设置左右两个柜门，柜门通过铰链固定在柜前立柱上，柜门用压缩式门锁紧闭，柜门外还设置有安全门联锁杆；网侧柜正面上部和两个侧面设置有安全防护板；网侧柜正面下部左右侧均设置有检修防护板，此防护板只能从柜内打开；柜门上有柜体铭牌及相关警示标识。

网侧高压设备布置示意图见图 7-1。

1—绝缘体；2—高压互感器；3—真空断路器；4—避雷器；
5—高压接地开关；6—高压互感开关盒；7—端子排

图 7-1　网侧高压设备布置示意图

任务 7.1　真空断路器的检修

★ 知识目标

（1）了解真空断路器的基本结构和结构参数；

（2）了解真空断路器的工作原理；

（3）学习真空断路器的故障检查流程。

★ 能力目标

（1）熟悉真空断路器预防性维护的流程，能够执行绝缘子和外观的细致检查工作；

（2）精通真空断路器电路性能测试的手段，有能力进行电路性能的全面检查，并能组织实施耐压测试以确保设备性能；

（3）掌握测量真空断路器主触头超程、弹簧支架行程和主触头允许磨损量的技术方法，并具备实际进行这些测量的能力。

★ 素质目标

（1）培养学生深刻理解“安全无小事”，树立责任意识，确保每项操作都严谨无误，守护自身与他人的安全；

（2）培养学生秉承精益求精的态度，弘扬“大国工匠”精神，追求技艺卓越，细节中见真章，成就非凡品质。

★ 课前自学

本任务的课前自学资料见表 7-1。

表 7-1　课前自学资料

知识补习型	扫码了解断路器的特点
技能补训型	扫码了解断路器的工作原理

★ 课前自测

问题 1：断路器的特点是什么？

问题 2：断路器的工作原理是什么？

任务导入

通过对真空断路器开展预防性检修实训，使学生进一步掌握真空断路器的结构和工作原理，了解真空断路器各组成部分的作用和常见故障，学会使用专业工具开展电路、机械、气路性能检测。本任务的任务清单见表 7–2。

表 7–2　任务清单

序号	任务内容	任务要求
1	真空断路器支撑绝缘子检查	能够开展绝缘子预防性检修，熟悉绝缘子常见故障和处理方法
2	真空断路器外观检查	能够开展真空断路器外观检查，熟悉真空断路器外观常见故障和处理方法
3	真空断路器电路性能检测	能够设计真空断路器电路性能检测方案，并开展电路性能检测、记录参数，熟悉常见电路故障的处理方法
4	真空断路器机械性能检测	能够设计真空断路器机械性能检测方案，并开展电路性能检测、记录参数，熟悉常见机械故障的处理方法
5	真空断路器的结构、工作原理	能够详细描述真空断路器的结构组成、控制原理，以及合闸、分闸的动作过程

任务实施

本任务的任务实施方案见表 7–3。

表 7–3　任务实施方案

工序/工步	工序/工步名称和内容
1	**真空断路器支撑绝缘子检查**
1.1	检查绝缘子表面，如有脏污，应清洁；如有电蚀、裂纹等情况，应更换
1.2	绝缘子表面缺损处须进行绝缘处理，当缺损面积大于 3 cm² 时，要求通过 75 kV 工频耐压试验；当累计缺损面积达到 25 cm² 时，应更换

续表

<table>
<tr><th>工序/工步</th><th>工序/工步名称和内容</th></tr>
<tr><td>2</td><td>真空断路器外观检查</td></tr>
<tr><td>2.1</td><td>检查外部可见紧固件，应齐全，且紧固状态良好，紧固标识无错位</td></tr>
<tr><td>2.2</td><td>各软连线、接地线和安装底座状态良好</td></tr>
<tr><td>2.3</td><td>接地开关簧片与真空断路器接地刀片接触良好，测量接触长度，要求接触长度不小于 20 mm</td></tr>
<tr><td>2.4</td><td>检查铁质零件是否有裂纹、锈蚀等，要求螺纹完好，与绝缘体浇铸牢固，不许有裂缝、掉块等现象</td></tr>
<tr><td>2.5</td><td>绝缘子必须安装正确、牢固</td></tr>
<tr><td>2.6</td><td>绝缘子内孔光洁，与金属件结合牢固</td></tr>
<tr><td>2.7</td><td>连接真空断路器的主要管道气密性良好，不许有漏气现象</td></tr>
<tr><td>2.8</td><td>线圈不许有过热变色、短路、断路现象，接线柱不许有松动</td></tr>
<tr><td>2.9</td><td>插座和联锁触头系统各部件表面清洁，不许有裂纹、变形</td></tr>
<tr><td>3</td><td>真空断路器电路性能检测</td></tr>
<tr><td>3.1</td><td>要求真空开关管真空度优于 0.066 Pa，或在真空开关管两个高压连接端进行 40 kV/10 s 的工频耐压试验，不许有击穿、闪络现象</td></tr>
<tr><td>3.2</td><td>电磁阀线圈电阻值在 20 ℃时为 10～13 Ω，不合格品更换；保持线圈电阻值在 20 ℃时为 38～44.6 Ω，不合格品更换</td></tr>
<tr><td>3.3</td><td>110 V 控制单元逻辑控制顺序正确</td></tr>
<tr><td>3.4</td><td>真空断路器闭合时，主电路电阻值不大于 200 μΩ</td></tr>
<tr><td>3.5</td><td>用 2 500 V 兆欧表测量，真空断路器主电路对地绝缘电阻值须不小于 500 MΩ</td></tr>
<tr><td>3.6</td><td>主电路对地进行 75 kV/1 min 工频耐压试验，不许有击穿、闪络现象</td></tr>
<tr><td>3.7</td><td>用 1 000 V 兆欧表测量，电气控制回路对地绝缘电阻值不小于 10 MΩ</td></tr>
<tr><td>4</td><td>真空断路器机械性能检测</td></tr>
<tr><td>4.1</td><td>真空开关管主触头动作灵活，复原弹簧完好，主触头超程、允许磨损量和弹簧支架行程符合以下要求：
<table>
<tr><th>主触头超程</th><th>主触头允许磨损量</th><th>弹簧支架行程</th></tr>
<tr><td>2～4.25 mm</td><td>＜2 mm</td><td>19～20.5 mm</td></tr>
</table></td></tr>
<tr><td>4.2</td><td>（1）传动机构各部件（插头、活塞、气垫）不许有裂纹、变形，状态良好，作用正确可靠。
（2）各销、套、紧固件不良者更新。
（3）紧固件扭紧力符合设计要求。
（4）活塞往复运动时，不许有阻滞现象。
（5）气路通畅，阀和阀口密封性能良好</td></tr>
</table>

续表

<table>
<tr><th>工序/工步</th><th>工序/工步名称和内容</th></tr>
<tr><td>4.3</td><td>在控制电压 77 V 与 138 V、外部气压 450 kPa 与 1 000 kPa 条件下，真空断路器均能正确完成分、合闸操作</td></tr>
<tr><td>4.4</td><td>在额定控制电压 DC 110 V、额定工作气压 450～1 000 kPa 条件下，真空断路器分、合闸时间须符合以下规定：
<table>
<tr><th>序号</th><th>名称</th><th>技术要求</th></tr>
<tr><td>1</td><td>固有分闸时间（即从断开信号发出至主触头打开的时间）</td><td>20～60 ms</td></tr>
<tr><td>2</td><td>合闸时间</td><td><60 ms</td></tr>
</table></td></tr>
<tr><td>4.5</td><td>在控制电压 77 V 与 138 V、气压 450 kPa 与 1 000 kPa 的条件下，每种组合条件分、合闸 10 次，真空断路器均能正确完成分、合闸操作</td></tr>
<tr><td>5</td><td>真空断路器气路性能检测</td></tr>
<tr><td>5.1</td><td>调压阀、储风缸不许有积水现象</td></tr>
<tr><td>5.2</td><td>（1）在 1 000 kPa 的外部气压下，将调压阀整定值调整至最大。
（2）检查气路部分气密性，10 min 泄漏量不大于 5%</td></tr>
<tr><td>5.3</td><td>通风管堵和密封件不许有漏气现象</td></tr>
<tr><td>5.4</td><td>更换调压阀、通风管、电磁阀密封圈</td></tr>
</table>

制订计划

本任务的任务分配表见表 7-4。

表 7-4　任务分配表

<table>
<tr><td>班级</td><td></td><td>组号</td><td></td><td>指导教师</td><td></td></tr>
<tr><td>组长</td><td></td><td>学号</td><td colspan="3"></td></tr>
<tr><td>组员</td><td colspan="5">
<table>
<tr><th>姓名</th><th>学号</th><th>姓名</th><th>学号</th></tr>
<tr><td></td><td></td><td></td><td></td></tr>
<tr><td></td><td></td><td></td><td></td></tr>
<tr><td></td><td></td><td></td><td></td></tr>
<tr><td></td><td></td><td></td><td></td></tr>
<tr><td></td><td></td><td></td><td></td></tr>
</table></td></tr>
<tr><td colspan="6">任务分工</td></tr>
<tr><td colspan="6"></td></tr>
</table>

评价反馈

本任务的任务评价表见表 7–5。

表 7–5　任务评价表

项目名称	评价内容	分值	评价分数		
			自评	互评	师评
职业素养考核项目（40%）	穿戴规范、整洁	8			
	安全意识、工匠精神	8			
	团队合作、与人交流	8			
	工完、料净、场地清	8			
	企业现场管理 6S 标准	8			
专业能力考核项目（60%）	真空断路器支撑绝缘子检查	10			
	真空断路器外观检查	10			
	真空断路器电路性能检测	10			
	真空断路器机械性能检测	10			
	真空断路器气路性能检测	10			
	真空断路器的工作原理	10			
总分					
总评	自评（20%）+互评（20%）+师评（60%）=	综合等级		教师（签名）:	

知识链接

高压断路器的相关知识

2011 年，通过“引进消化吸收再创新”模式，我国成功自主创新了新型直立式真空断路器——TDV 系列。TDV10（02）为机车柜内应用而设计，使用硅橡胶大电气间隙绝缘子，兼顾高绝缘性能和小型化设计，采用电子式控制单元、模块化接口，便于总体设计和维护，集引进技术和应用实践大成之作，具有高寿命、高容量、高可靠性。

7.1.1 真空断路器的结构

CR200J 型动车组真空断路器采用的是单极交流真空断路器，主要用于主电路开断和接通，同时在车辆控制下，还可用于过载保护和短路保护，是一种保护电器。CR200J 型动车组真空断路器由高压部分、支承部分和低压部分组成。真空断路器结构示意图见图 7–2。

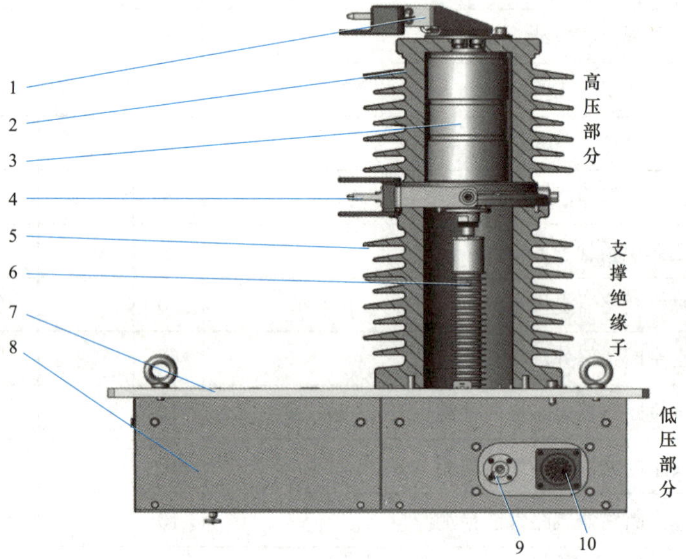

1—上母排组装；2—上绝缘子；3—真空开关管；4—下母排组装；5—下绝缘子；6—操纵杆组装；7—底板；8—保护盖；9—气路接口；10—电连接器

图 7–2　真空断路器结构示意图

1. 高压部分

高压部分主要包括上绝缘子和可以开断交流电流的真空开关管。真空开关管通过密封结构来保持内部真空度。两个主触头安装在真空开关管内部，一个是静触头，另一个是动触头，动触头的动作由驱动机构控制。

2. 支承部分

支承部分主要包括下绝缘子和绝缘操纵杆。其中，安装在底板上的下绝缘子提供支撑和对地绝缘。绝缘操纵杆保证高压部分与低压部分之间的绝缘性能，还将低压部分驱动机构的运动和操纵力传递给动触头。

3. 低压部分

低压部分所有部件固定在底板上，结构示意图见图 7–3。保护罩保护驱动机构、管路、控制部分免遭撞击。驱动机构通过传动支架安装在真空断路器底板下，用于控制动触头的动作并反馈动作机构的位置信号。

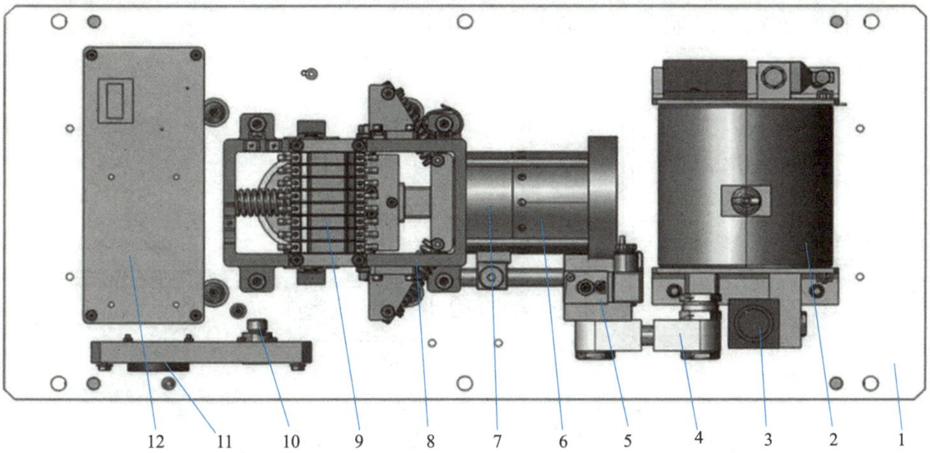

1—底板；2—储风缸；3—调压阀；4—柔性接头；5—电磁阀；6—压力气缸；7—保持线圈；
8—驱动机构；9—辅助触头；10—气路连接；11—插座；12—控制单元板

图 7-3　低压部分结构示意图

7.1.2　真空断路器的技术参数

真空断路器的技术参数见表 7-6。

表 7-6　真空断路器的技术参数

序号	项目	参数	序号	项目	参数
1	额定电压	31.5 kV	11	固有分闸时间	20～60 ms
2	标称电压	25 kV	12	合闸时间	＜60 ms
3	额定频率	50 Hz	13	弹跳时间	＜5 ms
4	额定工作电流	1 000 A	14	辅助触点	7 组
5	热电流	1 000 A	15	标称控制电压	DC 110 V
6	额定短路接通能力	50 kA	16	标称闭合功率	200 W
7	额定短路开断能力	20 kA	17	标称保持功率	50 W
8	额定短时耐受电流	25 kA，1 s	18	工作气压范围	450～1 000 kPa
9	开断容量	600 MV·A	19	每次合闸耗气量	＜2.5 L
10	机械寿命	25 万次	20	质量	112 kg

7.1.3　真空断路器的工作原理

1. 真空断路器合闸条件

真空断路器合闸前应满足以下三个条件：

（1）真空断路器必须处于分闸状态，见图 7-4。

（2）必须有充足的气压，外部气源气压应在 450～1 000 kPa 的范围内。

（3）控制单元必须能获得合适的电源电压。

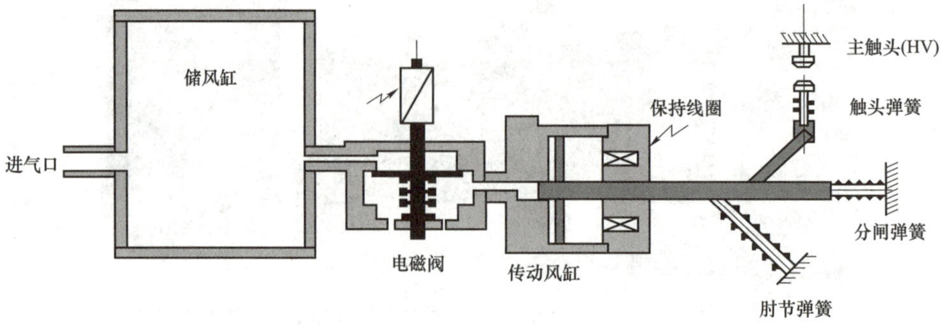

图 7-4　真空断路器处于分闸状态

2. 真空断路器合闸的工作过程

（1）合闸前，储风缸气压应在 450～1 000 kPa 的范围内，但由于电磁阀尚未得电，储风缸中的压缩空气无法进入传动风缸，见图 7-5。

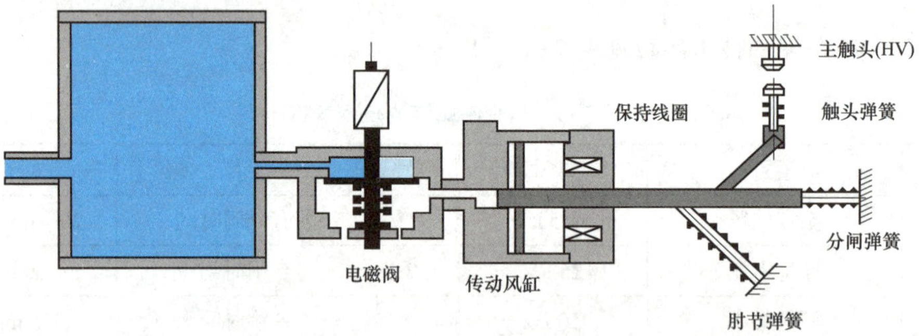

图 7-5　真空断路器合闸过程（储风缸气压满足条件）

（2）当司机按下主断路器闭合键后，电磁阀和保持线圈同时得电，见图 7-6。

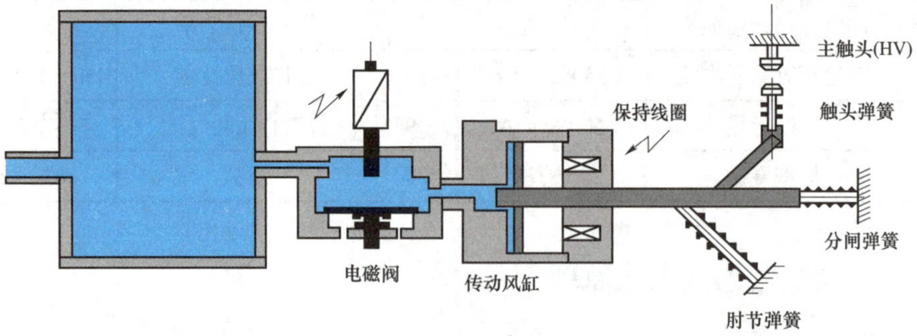

图 7-6　真空断路器合闸过程（电磁阀得电）

（3）电磁阀得电后，压缩空气由储风缸进入传动风缸，推动活塞压缩分闸弹簧向前运动，见图 7-7。

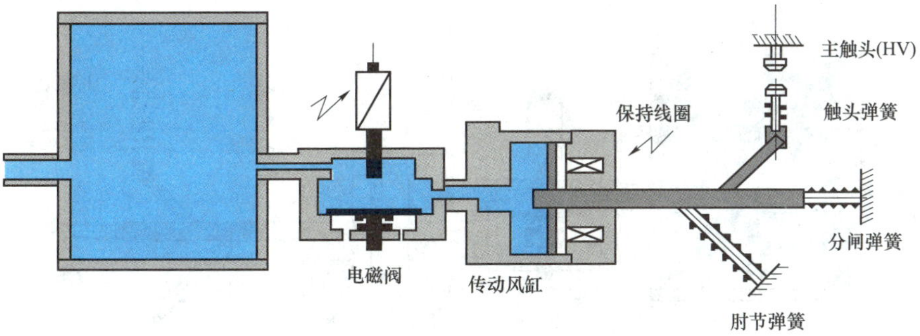

图 7-7 真空断路器合闸过程（主触头向前移动）

（4）在主触头向前移动的过程中，带动动触头压缩触头弹簧向上运动，直到动触头与静触头接触，实现主触头闭合，见图 7-8。

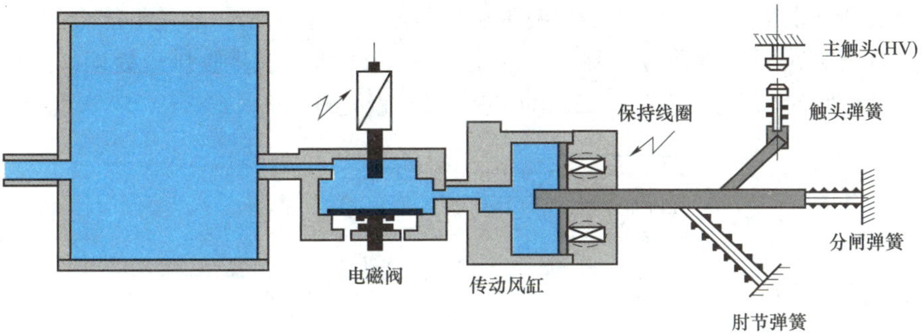

图 7-8 真空断路器合闸过程（主触头闭合）

（5）主触头闭合后，活塞到达行程末端，保持线圈在保持位置得电，电磁阀失电，传动风缸内的压缩空气通过电磁阀排向大气，主触头依靠保持线圈产生的力维持闭合状态，见图 7-9。

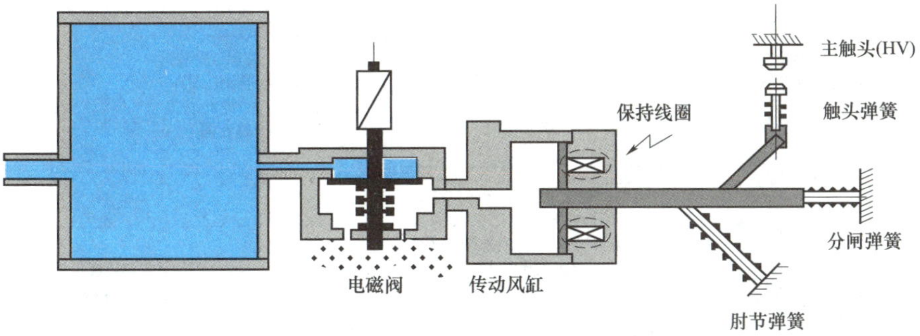

图 7-9 真空断路器合闸过程（电磁阀失电，传动风缸排风）

3. 真空断路器分闸的工作过程

在任何情况下，只要控制电源失电，真空断路器就处于开断状态。控制电源失电后，保持线圈失电，活塞在弹簧力的作用下移动，主触头将打开，真空灭弧室灭弧，活塞行程结束后，主触头断开，见图 7-10。

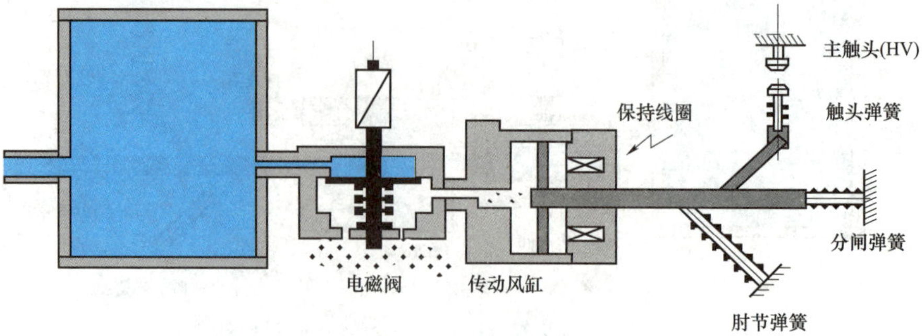

图 7-10　真空断路器分闸过程

7.1.4　真空断路器的故障处理

真空断路器的常见故障主要有两类，一是不能保持合闸，二是不能合闸。

当真空断路器不能保持合闸时，可按照图 7-11 所示的步骤排查处理；当真空断路器不能合闸时，可按照图 7-12 所示的步骤排查处理。

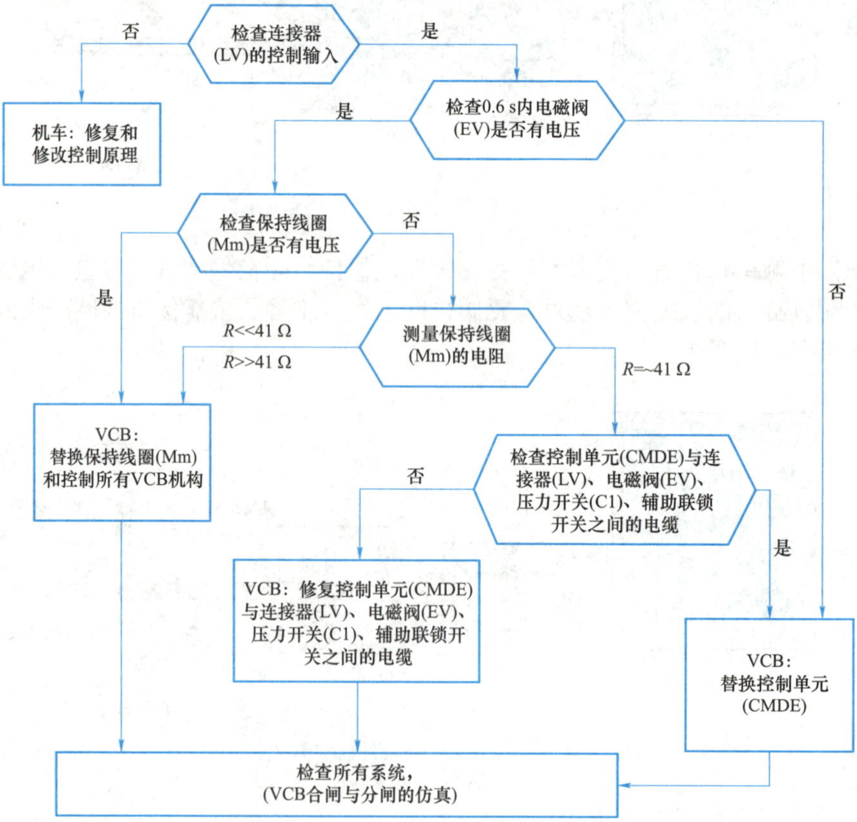

图 7-11　真空断路器不能保持合闸的故障检测流程图

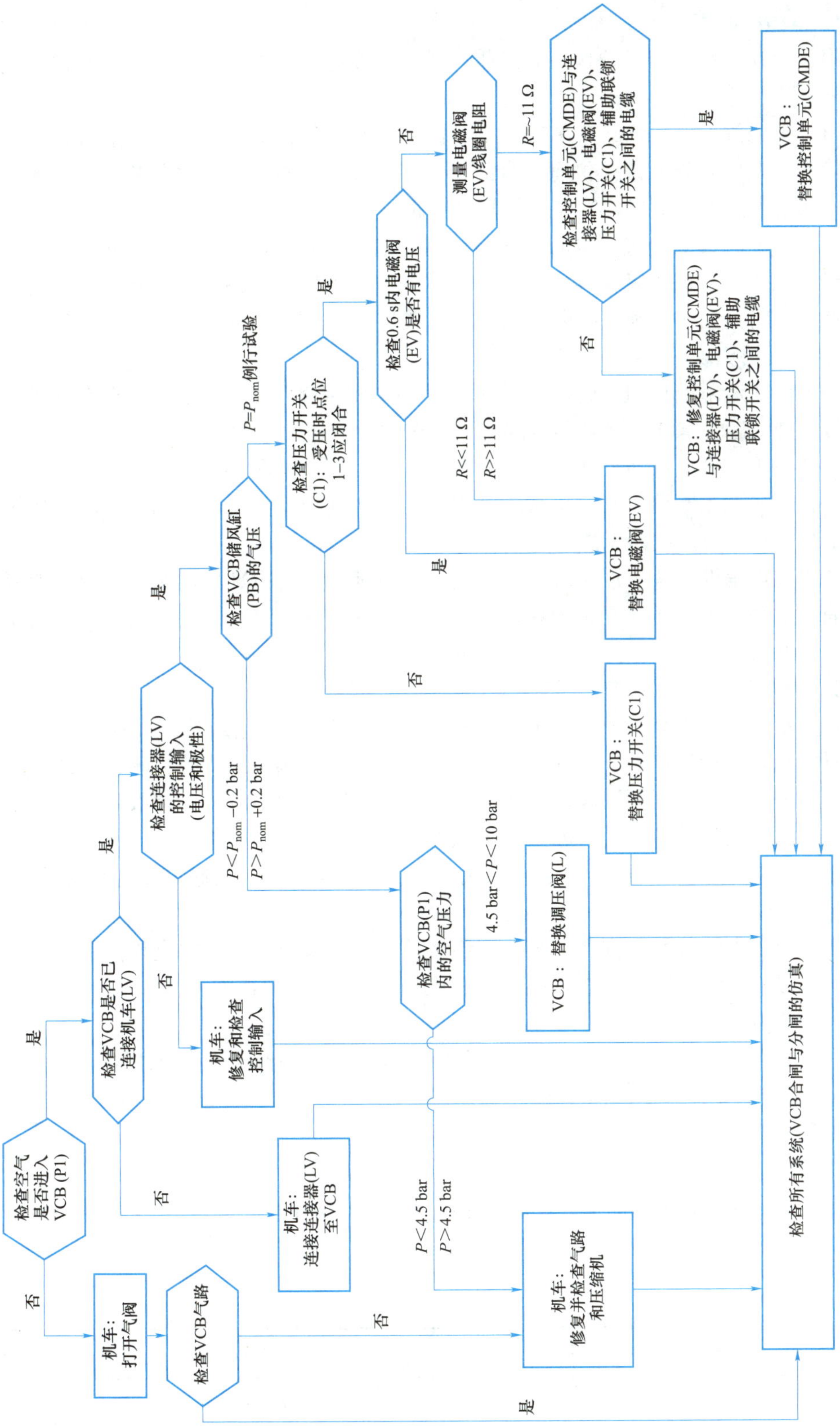

图 7-12　真空断路器不能合闸的故障检测流程图

1. 电磁阀故障

根据前期在段运行反馈信息和运用经验，主要存在电磁阀卡滞、电磁阀线圈烧损故障。

（1）电磁阀卡滞。气路存在杂质或电磁阀机械动作结构卡滞，导致电磁阀卡滞。该故障会导致电磁阀无法复位而一直处于气路打开的状态，导致主断漏风。出现该故障，如果卡滞不能复位，则需要更换电磁阀。

（2）电磁阀线圈烧损。电磁阀回路长期得电，线圈烧损后，电磁阀线圈的电阻值表现为无穷大。该故障会导致电磁阀无法动作，电磁阀气路回路无法打开，直接导致真空断路器无法合闸。出现该故障，则需要更换电磁阀。

2. 辅助触头故障

根据前期运用经验和数据统计，TDV10 系列真空断路器辅助触头主要存在触头盒开裂、辅助触头卡滞、接触不良或动作迟滞的故障。

主要原因：产品质量问题，触头盒材料、零部件质量和制造工艺存在问题。该故障会直接导致主断分、合闸信号无法准确、及时地反馈到机车控制系统，导致机车对主断进行封锁，主断无法合闸。

如果发现辅助触头表面出现明显裂痕，或者辅助触头内部出现明显磨痕，或者现场捕捉到触头卡滞无法复位的现象，则需要对辅助触头进行更换。同时，对两年检的主断触头，需要进行信号反馈时间测量。

3. 电缆连接故障

真空断路器主要有三种电缆连接，分别用于保持线圈、电磁阀、压力开关。

根据在段运行统计数据，存在电缆连接出现松动或接触不良的故障。该故障的主要原因为电缆连接紧固不牢，或者电缆连接插头内部插销移位。该故障会直接导致保持线圈回路失电，从而引起主断无法保持；或者电磁阀回路失电，从而引起电磁阀无法得电，主断无法合闸；或者压力开关回路失电，从而引起电磁阀回路不通，主断无法合闸。

如果出现上述故障，则需要对电缆连接插头进行检查，检查插座与插头之间是否存在卡位和干涉。如果插销部分出现变形，则需要更换电缆连接。

4. 外观检查

进行真空断路器的外观检查、绝缘子（A）检查和接地开关连接附件（B）检查。

A：裂纹或绝缘子的表面和密封件损坏。

B：接地开关连接件损坏（触头弹簧）。

5. 紧固件检查

用软制品或布将主断路器外部清理干净，用力矩扳手检查表 7–7 中部件的扭紧力矩。

表 7–7　不同部件扭紧力矩大小

部件	扭紧力矩/（N·m）
高压连接端	67

续表

部件	扭紧力矩/（N·m）
接地连接端	50
断路器固定螺栓	67

6. 气路检查

为了保证气路元件的正常动作，必须找到真空断路器管路中容易积水的器件（如调压阀、储风缸）并排出积水。

7. 真空开关管检查

检查以下各项：超程 2～4.25 mm；触头磨损量＜2 mm；触头行程 19～20.5 mm。

8. 真空度检查

利用真空度检测器执行一个耐压试验，这个设备接在真空断路器的两高压连接端，重复施加峰值电压为 40 kV 的电压。

寓德于课

一颗螺栓的警示——细节决定安全

1. 背景

某铁路牵引变电所真空断路器因触头接触不良导致跳闸，维修班组进行检修时发现灭弧室绝缘拉杆固定螺栓存在轻微松动。维修人员认为“螺栓未完全脱落，不影响使用”，仅简单拧紧后便恢复送电。

2. 事故经过

3 日后，该真空断路器在列车运行时，因振动导致螺栓彻底脱落，灭弧室绝缘拉杆位移，引发相间短路，造成牵引供电系统瘫痪，导致多趟列车延误，直接经济损失超百万元。

3. 原因分析

（1）责任意识薄弱：维修人员对“小问题”存在侥幸心理，未严格执行检修标准。

（2）技术规范缺失：未按规程对松动螺栓进行扭矩校验和防松处理。

（3）安全意识不足：忽视铁路设备“零缺陷”要求，未考虑振动环境对松动件的加速破坏。

课后拓学

学习 CR200J 型动车组真空断路器常见故障处理方法

任务 7.2　互感器的检修

★ 知识目标

（1）学习电压互感器的工作原理和技术参数；

（2）学习电流互感器的工作原理和技术参数；

（3）学习接地回流电流互感器的工作原理。

★ 能力目标

（1）熟悉互感器检修的全部流程，并具备实际操作互感器检修的技能；

（2）深入理解互感器的工作原理及其内部构造，有能力进行互感器的故障检测和维护工作；

（3）精通互感器变比的测量技术，能够独立完成变比测量任务。

★ 素质目标

（1）强化学生用电安全意识，确保操作规范，防范潜在风险，保障人身安全；

（2）树立学生用电责任意识，明确责任归属，培养良好习惯，共创安全用电环境。

★ 课前自学

本任务的课前自学资料见表 7-8。

表 7-8　课前自学资料

知识补习型	扫码了解互感器的基本特点
技能补训型	扫码了解互感器的工作原理

★ 课前自测

问题 1： 互感器的基本特点是什么？

问题 2：互感器的工作原理是什么？

任务导入

通过互感器检修训练，使学生进一步掌握互感器的结构和工作原理，了解互感器常见故障的类型、检测和维护方法，熟悉互感器检修的工艺流程，能够开展互感器变比的测量。本任务的任务清单见表 7–9。

表 7–9　任务清单

序号	任务内容	任务要求
1	高压电压互感器/高压电流互感器/接地回流电流互感器的结构和工作原理	能够详细描述高压电压互感器/高压电流互感器/接地回流电流互感器的结构特征和工作原理
2	高压电压互感器/高压电流互感器/接地回流电流互感器的检修	能够设计互感器检修工艺方案，并对互感器开展检修作业
3	高压电流互感器/接地回流电流互感器变比测量	能够设计电流互感器变比测量工艺方案，并对电流互感器开展变比测量

任务实施

本任务的任务实施方案见表 7–10。

表 7–10　任务实施方案

工序/工步	工序/工步名称和内容
1	**高压电压互感器检修**
1.1	检查外观，看是否出现变形、损伤等情况
1.2	检查紧固螺栓是否松动，若松动，应紧固到位
1.3	检查密封圈是否变形、密封效果是否良好
1.4	检查接线端状态是否良好
2	**高压电流互感器检修**
2.1	检查电流互感器浇注体和接线盒有无破损
2.2	检查接线是否松动，检查引线与接线端子的接触情况

续表

工序/工步	工序/工步名称和内容
2.3	检查接线端子 M6 螺栓连接情况，检查互感器与安装底板螺栓连接情况
2.4	检查二次绕组是否断路
2.5	检查二次绕组间和二次绕组对地绝缘电阻，要求不小于 100 MΩ
2.6	功能试验：一次侧加电流后，二次侧是否有电流输出，且电流比是否正确
3	**接地回流电流互感器检修**
3.1	检查电流互感器浇注体有无破损
3.2	检查引线与接线端子的接触情况，检查电缆出线夹的安装情况
3.3	检查接线端子 M6 螺栓连接情况，检查互感器与安装支架螺栓连接情况
3.4	检查二次绕组是否断路，检查二次绕组间和二次绕组对地绝缘电阻
3.5	功能试验：一次侧加电流后，二次侧是否有电流输出，且电流比是否正确

制订计划

本任务的任务分配表见表 7-11。

表 7-11　任务分配表

班级		组号		指导教师	
组长		学号			
组员	姓名	学号	姓名	学号	
任务分工					

评价反馈

本任务的任务评价表见表 7-12。

表 7-12　任务评价表

检查项目		检查内容和评分标准	自评	互评	师评
实践过程与规范（40 分）	作业前准备（10 分）	（1）检查作业服装是否穿戴整齐，安全帽是否佩戴。 （2）检查检修工具校验日期是否在有效期内。 缺少任意一项，扣除 5 分；缺少两项，扣除 10 分			
	操作过程（30 分）	按要求完成实践操作： （1）高压电压互感器的检修。 （2）高压电流互感器的检修。 （3）接地回流电流互感器的检修。 缺少任意一项，扣除 10 分；缺少两项，扣除 30 分			
实践结果与质量（40 分）	作业质量标准（40 分）	（1）高压电压互感器检修。 □良好　□差 （2）高压电流互感器检修。 □良好　□差 变比= （3）接地回流电流互感器检修。 □良好　□差 变比=			
职业素养（20 分）	基本要求（10 分）	（1）作业环境确认，作业场所安全确认。 （2）“工完、料净、场地清”状态确认。 （3）个人防护用品穿戴状态确认。 缺少任意一项，扣除 5 分；缺少两项，扣除 10 分			
	任务要求（10 分）	安全用电意识、责任意识			
总分					
总评		自评（20%）+互评（20%）+师评（60%）=	综合等级	教师(签名)：	

知识链接

互感器的结构和工作原理

CR200J 型动车组车载互感器主要有高压电压互感器、高压电流互感器、接地回流电流互感器等类型。互感器主要用于 25 kV 电压测量和继电保护。

7.2.1　高压电压互感器

1. 工作原理

利用电磁感应原理，将一次侧的高电压变换为标准测量电压。高压电压互感器是一种专门用作变换电压的特种变压器，工作原理示意图见图 7-13。

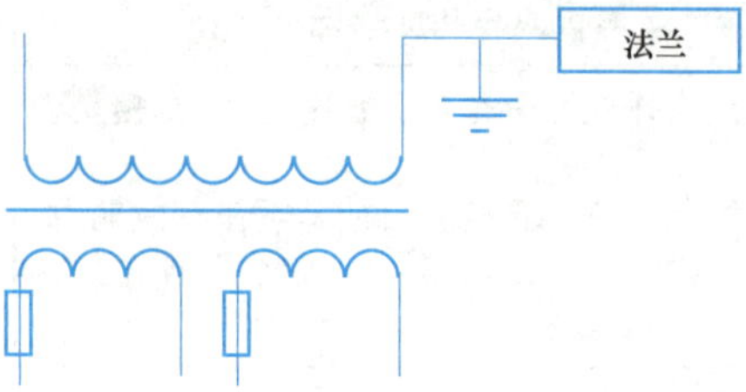

图 7-13　高压电压互感器工作原理示意图

2. 结构

高压电压互感器采用环氧树脂和硅橡胶复合绝缘支柱式结构。内部采用环氧树脂浇注，外部护套和伞裙采用高温硅橡胶材料，具有良好的憎水性，大大提高了污闪电压，能有效地防止污闪故障的发生；具有抗老化和耐漏电起痕性能，抗电蚀损性能非常高，可以连续承受污闪电压；具有耐机械冲击能力强、质量小、便于安装、不易损坏、维护周期长的特点。

高压电压互感器二次侧采用双熔断器出线，提高了高压电压互感器的自保护能力。

高压电压互感器主要由器身浇注体、硅橡胶伞裙、安装法兰、出线装置等部分组成，外观见图 7-14。

图 7-14　高压电压互感器的外观图

3. 主要性能

高压电压互感器的主要性能见表 7-13。

表 7-13　高压电压互感器的主要性能

序号	项目	参数
1	频率/Hz	50
2	额定电压比/V	25 000/150/150

续表

序号	项目	参数
3	二次组合	1 级/1 级
4	二次额定负荷和准确级	30V·A1 级/30V·A1 级（cos φ=0.8）
5	二次热极限输出电流/A	1
6	额定电压因数	1.5（30 s）

4. 常见故障和处理方法

高压电压互感器常见故障和处理方法见表 7-14。

表 7-14　高压电压互感器常见故障和处理方法

序号	故障现象/信息	引起故障的可能原因	故障处理方法
1	二次绕组无电压输出	二次绕组熔断器断路	更换熔断的熔断器
		一次、二次绕组短路或断路	检查一次、二次绕组直流电阻；检查一次、二次绕组间及其对地绝缘电阻
		二次绕组断路	检查二次绕组电阻，若直流电阻很大，则说明二次绕组断路，须更换故障电压互感器
2	电压互感器失效	二次绕组间或二次绕组对地短路	二次绕组间或二次绕组对地绝缘电阻为零，须更换故障电压互感器
		硅橡胶表面破损	更换故障电压互感器
3	二次绕组有电压输出，但电压比不正确	一次绕组或二次绕组短路	更换故障电压互感器

7.2.2　高压电流互感器

1. 工作原理

利用电磁感应和安匝平衡原理，将一次绕组大电流变换为标准测量电流。

2. 结构

高压电流互感器为浇注式电流互感器，主要由互感器浇注体、接线盒、安装底板三个部件组成，外观见图 7-15。互感器浇注体内有两个二次绕组。出线盒上装有电缆出线夹。

高压电流互感器采用环氧树脂浇注绝缘母线式结构。产品内部采用环氧树脂真空浇注而成，保证了产品具有优良的绝缘性能和良好的耐机械冲击性能；优化设计使产品具有适应环境温度急剧变化的优良耐候性；测量准确，抗干扰能力强；满足高海拔地区使用；产品体积小、质量小、便于安装维护，适用于所有型号的电力机车。

图 7-15　高压电流互感器的外观图

3. 主要性能

高压电流互感器的主要性能见表 7-15。

表 7-15　高压电流互感器的主要性能

序号	项目	参数
1	频率/Hz	50
2	额定电流比/A	600/1/1
3	二次组合	1 级/0.5 级
4	二次额定负荷和准确级	20V・A1 级 FS5/5V・A0.5 级 FS10（$\cos\varphi$=0.8）
5	绝缘等级	E
6	二次对地工频耐压/kV	3
7	外形尺寸（长×宽×高）/mm	50×145×215
8	质量/kg	6.4

4. 常见故障和处理方法

高压电流互感器常见故障和处理方法见表 7-16。

表 7-16　高压电流互感器常见故障和处理方法

序号	故障现象/信息	引起故障的可能原因	故障处理方法
1	二次绕组无电流输出	接线端子接触不良或断路	检查二次绕组是否断路，若未断路则说明接线端子接触不良，须重新连接
2	电流互感器失效	二次绕组断路	检查二次绕组是否断路，若二次绕组断路，须更换故障电流互感器
		二次绕组间或二次绕组对地短路	二次绕组间或二次绕组对地绝缘电阻小于 100 MΩ，须更换故障电流互感器

7.2.3　接地回流电流互感器

1. 工作原理

接地回流电流互感器的工作原理与高压电流互感器相同，也是利用电磁感应和安匝平衡原理，将一次绕组大电流变换为标准测量电流。

2. 结构

接地回流电流互感器的结构与高压电流互感器相似，也为浇注式电流互感器，主要由互感器浇注体、接线盒、安装底板三个部件组成。所不同的是，接地回流电流互感器浇注体内有一个二次绕组。出线盒上装有电缆出线夹。接地回流电流互感器铁芯型式为卷铁芯，铁芯材料采用晶粒取向优质冷轧低损耗硅钢片，经卷制、退火而成。二次绕组采用漆包铜圆线绕制。

3. 主要性能

接地回流电流互感器的主要性能见表 7–17。

表 7–17　接地回流电流互感器的主要性能

序号	项目	参数
1	频率/Hz	50
2	额定电流比/A	600/1
3	二次组合	1 级/0.5 级
4	二次额定负荷和准确级	20V・A1 级 FS5（$\cos\varphi$=0.8）
5	绝缘等级	E
6	二次对地工频耐压/kV	3
7	质量/kg	5.8

4. 常见故障和处理方法

接地回流电流互感器常见故障主要有二次侧无电流输出、电流互感器失效两种类型，导致故障的原因和处理方法与高压电流互感器相同。

寓德于课

技术创新案例——守护天路的“高原之眼”

1. 技术挑战

青藏铁路某区段海拔 4 800 m，传统电磁式电流互感器（CT）因高原低气压导致绝缘性能下降，频繁发生局部放电，测量误差超限率达 30%，严重威胁供电安全。

2. 创新方案

原理突破：采用光学电流传感技术（OCT），利用法拉第磁光效应实现非接触测量，规避绝缘介质失效问题。

结构创新：设计全密封光纤传感头，耐温差范围扩展至-40～70 ℃；开发自校准算法，消除温度、振动引起的测量漂移。

工艺革命：引入航天级碳纤维复合材料，整体质量减小 60%，适应高原运输条件。

3. 应用成效

在海拔 5 000 m 区域连续运行 3 年，故障率为零，精度达 0.2 级；减少高原地区设备维护频次 90%，降低运维人员高原作业风险；技术纳入《高原铁路特殊环境电气设备技术规范》，成为行业标杆。

课后拓学

学习 CR200J 型动车组高压电压互感器和高压电流互感器的工作原理

任务 7.3　避雷器的检修

★ 知识目标

（1）学习 CR200J 型动车组避雷器的工作原理；
（2）学习 CR200J 型动车组避雷器的结构组成元件和功能；
（3）学习 CR200J 型动车组避雷器的主要性能。

★ 能力目标

（1）掌握避雷器日常维护的内容，具备避雷器维护的能力；
（2）掌握避雷器的试验项目和方法，具备避雷器试验的实践能力；
（3）掌握避雷器更换的方法，具备避雷器更换的实践能力。

★ 素质目标

（1）熟悉并执行避雷器的日常保养流程，确保具备有效维护避雷器运行状态的技能；

（2）精通避雷器的各项检测项目及其实施步骤，能够独立完成避雷器的专业测试工作，提升实践操作和检测分析能力；

（3）掌握避雷器的正确更换流程和技术要点，具备在实际操作中高效、安全地替换故障避雷器的实践能力。

★ 课前自学

本任务的课前自学资料见表 7-18。

表 7-18　课前自学资料

知识补习型	扫码了解避雷器的基本特点
技能补训型	扫码了解避雷器的工作原理

★ 课前自测

问题 1：避雷器的基本特点是什么？

问题 2：避雷器的基本原理是什么？

任务导入

通过避雷器日常维护、试验和更换训练，使学生进一步掌握避雷器的结构和工作原理，了解避雷器日常维护、试验和更换作业的工艺流程，学会使用、维护和校验定扭矩电扳手等工具。本任务的任务清单见表 7-19。

表 7-19　任务清单

序号	任务内容	任务要求
1	避雷器的结构、工作原理	能够详细描述避雷器的结构和工作原理
2	避雷器的日常维护	能够设计避雷器日常维护的方案，并对避雷器开展维护作业
3	避雷器功能试验	能够设计避雷器功能试验工艺方案，并对避雷器开展功能试验
4	避雷器更换	能够设计避雷器更换方案，并实施避雷器更换作业
5	工具的使用、维护和校验	能够正确使用定扭矩电扳手等专业工具，掌握专业工具的使用方法，熟悉工具维护保养措施

任务实施

本任务的任务实施方案见表 7-20。

表 7-20　任务实施方案

工序/工步	工序/工步名称和内容
1	**避雷器的日常维护**
1.1	CR200J 型动车组避雷器投入运行后，日常应用 2 500 V 兆欧表测量其绝缘电阻，阻值应大于 35 000 MΩ
1.2	检查避雷器外套有无裂纹、伤痕、缺陷，要求如下： （1）表面缺陷面积（如缺胶、杂质、凸起等）不应超过 25 mm^2，深度不应大于 1 mm。 （2）凸起表面与合缝应清理平整，凸起高度不得超过 8 mm。 （3）粘接缝凸起高度不应超过 1.2 mm。 （4）总缺陷面积不应超过复合外套总表面面积的 0.2%
2	**避雷器的功能试验**
2.1	直流参考电压测试：避雷器两端施加直流电压（直流电压的脉动不大于直流电压的±1.5%），待流过避雷器的电流等于 1 mA 时读取电压值，其值应大于或等于 58 kV
2.2	0.75 倍直流参考电压下的泄漏电流测量：对避雷器施加 0.75 倍的直流参考电压，读取电流值，其值应小于 30 μA
3	**避雷器的更换**
3.1	拆卸： （1）拆除上金具高压连接线螺栓，取下连接线。 （2）拆除下座接地线螺栓，取下接地线。 （3）拆除下座 4 条安装螺栓，取下避雷器
3.2	安装： （1）避雷器的法兰通过 4 个 M12 螺栓与车顶或高压柜连接，紧固力矩为 50 N·m。 （2）法兰上的 M10 螺栓与接地线连接，紧固力矩为 30 N·m。 （3）避雷器上端的 M10 螺栓与高压线连接，紧固力矩为 30 N·m

制订计划

本任务的任务分配表见表 7-21。

表 7-21 任务分配表

<table>
<tr><td>班级</td><td></td><td>组号</td><td></td><td>指导教师</td><td></td></tr>
<tr><td>组长</td><td></td><td>学号</td><td colspan="3"></td></tr>
<tr><td>组员</td><td colspan="5"><table>
<tr><td>姓名</td><td>学号</td><td>姓名</td><td>学号</td></tr>
<tr><td></td><td></td><td></td><td></td></tr>
<tr><td></td><td></td><td></td><td></td></tr>
<tr><td></td><td></td><td></td><td></td></tr>
<tr><td></td><td></td><td></td><td></td></tr>
<tr><td></td><td></td><td></td><td></td></tr>
</table></td></tr>
<tr><td colspan="6">任务分工</td></tr>
<tr><td colspan="6"></td></tr>
</table>

评价反馈

本任务的任务评价表见表 7-22。

表 7-22 任务评价表

项目名称	评价内容	分值	评价分数		
			自评	互评	师评
职业素养考核项目（40%）	穿戴规范、整洁	8			
	安全意识、责任意识	8			
	团队合作、与人交流	8			
	工完、料净、场地清	8			
	企业现场管理 6S 标准	8			
专业能力考核项目（60%）	避雷器的日常维护	10			
	避雷器的功能试验	10			
	避雷器的更换	10			

续表

项目名称	评价内容	分值	评价分数		
			自评	互评	师评
专业能力考核项目（60%）	避雷器的工作原理	10			
	避雷器的主要技术	10			
	避雷器结构组成元件和功能	10			
总分					
总评	自评（20%）+互评（20%）+师评（60%）=	综合等级		教师（签名）:	

知识链接

避雷器的基本知识

7.3.1 避雷器的工作原理

避雷器具有良好的非线性伏安特性，当系统出现过电压时，避雷器呈现低电阻状态，能吸收过电压能量，将被保护电气设备上的过电压限制在允许范围内，从而保护电气设备绝缘免遭过电压损坏。在电力系统正常工作电压下，避雷器呈现高电阻状态，仅有微安级的泄漏电流流过，确保了避雷器长期正常运行。

7.3.2 避雷器的结构组成元件和功能

CR200J 型动车组采用的避雷器是以氧化锌为主体的由金属氧化物构成的高非线性电阻体的无间隙交流避雷器，这类避雷器主要由复合外套、芯体、高压接线端、上金具、下法兰构成，见图 7-16。

芯体内装有具有优异伏安特性的氧化锌电阻片；避雷器外套采用憎水性强的硅橡胶制成；法兰由不锈钢材料制成，保证外露金属部分和紧固件具有较高的防锈能力。避雷器内部设有压力释放装置，当避雷器出现故障时，能够安全释放掉内部压力。避雷器采用大小结构的伞裙设计，既提高了产品的爬电距离，又增强了产品的耐污性能。避雷器具有体积小、质量小、耐污秽能力较好等特点。

1. 避雷器容器

避雷器容器（聚合体绝缘管）的外皮采用以硅酮为主的难燃性红橡胶。难燃性红橡胶具有耐漏电痕迹、抗老化性和很强的抗冲击性。难燃性红橡胶是与其 FRP（fiber reinforced plastic，纤维增强塑料）筒一体成型的，二者的紧密结合性很高。

2. 氧化锌元件

避雷器内部安装有氧化锌元件，主要成分为氧化锌晶体，氧化锌晶体被由添加物构成的粒子层所包围。氧化锌元件是烧结体，具有非线性电阻特性。根据这个特性，能够将很大的雷电涌电压抑制在避雷器的限制电压值内，并且能够断开后续电流。

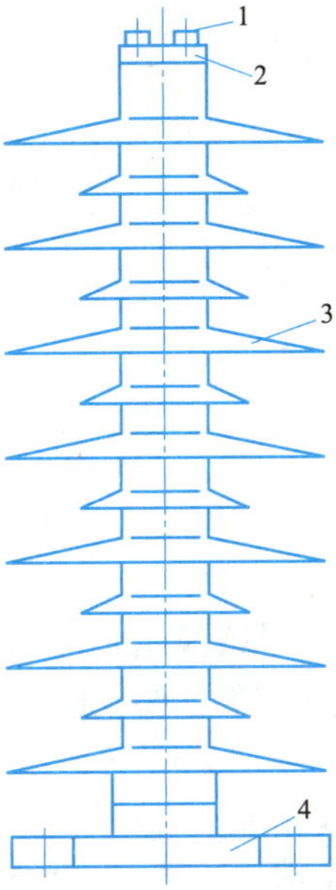

1—高压接线端；2—上金具；3—复合外套；4—下法兰

图 7-16　避雷器的结构示意图

3. 压力释放装置

工作过程中，一旦出现了超过允许的电涌，引起避雷器的绝缘劣化，就会引起避雷器内部压力上升。此时，压力释放装置开始动作，释放出内部压力，防止避雷器容器破坏、飞散等。

4. 防振用橡胶

为防止振动和冲击引起避雷器损伤，避雷器上装有防振用橡胶。

5. 避雷器的内部气体

避雷器的内部被抽成真空后，封入干燥的氮气并密封好。

7.3.3　避雷器的主要性能

避雷器的主要性能见表 7-23。

表 7-23　避雷器的主要性能

序号	项　目	参　数	
		YH10WT-42/105 型	YH10WT-43/108BN 型
1	系统电压/kV	25	25
2	额定电压/kV	42	43
3	持续运行电压/kV	34	34
4	陡波冲击电压/kV	118	121
5	8/20 残压峰值/kV	105	108
6	操作冲击残压/kV	89	92

续表

序号	项　　目	参　　数	
		YH10WT-42/105 型	YH10WT-43/108BN 型
7	直流参考电压/kV	≥58	≥58
8	工频参考电压（阻性 I_1=1 mA）/kV	≥42	≥43
9	2 ms 方波通流容量/A	400	400

7.3.4　避雷器劣化的主要原因

避雷器劣化的原因，除了承受超过性能允许的直击雷电涌导致事故发生以外，绝缘性逐渐降低也是引起劣化的另一个重要原因。避雷器绝缘性下降的主要原因分为避雷器的内部原因和外部原因，只要不是极端恶劣的环境，避雷器劣化的主要原因都是由避雷器的内部引起的。避雷器劣化的主要原因如下：

（1）由于橡胶密封垫的劣化，或者金属部分腐蚀而引起的避雷器容器内部吸湿，导致绝缘性能下降。

（2）氧化锌元件的绝缘劣化，或者避雷器容器漏电而引起的避雷器内部零件的绝缘性能下降。

（3）避雷器容器外皮污损，或者由于冷热变化引起避雷器容器外皮损伤，使避雷器绝缘性能下降。

7.3.5　注意事项

在避雷器使用和操作的过程中，应注意以下几点：

（1）不能冲击本体。

（2）为了密封氮气，不要操作盖子。

（3）防压膜的机械强度特别低，不要将其弄伤。铝箔是为了保护防压膜而粘在上面的，所以尽量不要将其撕下。

（4）存放时，可放在有可能结露水的地方，但要捆好、包好。

（5）在进行车辆耐压试验时，必须将避雷器从电路上断开。

7.3.6　避雷器常见故障和处理方法

避雷器常见故障和处理方法见表 7-24。

表 7-24　避雷器常见故障和处理方法

序号	故障现象/信息	引起故障的可能原因	故障处理方法
1	冰闪、污闪	避雷器伞裙表面积污或覆冰	清理、擦洗、擦干后，用摇表测量伞裙绝缘
2	主断路器跳开或网压突然下降	避雷器击穿	（1）断开避雷器高压引线。 （2）做直流参考电压试验

续表

序号	故障现象/信息	引起故障的可能原因	故障处理方法
3	压力释放动作	避雷器吸收的能量超出自身承载能量	更换新避雷器
4	烧损	（1）操作、雷电过电压。 （2）伞裙表面积污。 （3）雨、雪、冰、雾、霾等恶劣天气。 （4）长时间放电	更换新避雷器
5	影响其他设备	机械损坏	更换新避雷器
6	伞裙本体受损，伞裙根部有裂纹，伞裙有贯穿性裂纹	外物击打或人为破坏	更换新避雷器

寓德于课

避雷器检修故障案例——精益求精，匠心铸就安全

1. 案例背景

在某铁路牵引变电站的一次常规巡检中，检修团队发现一台避雷器存在异常发热和泄漏电流增大的现象。该避雷器作为保护电气设备免受雷电冲击的关键设备，其稳定运行对铁路供电系统的安全性至关重要。为避免潜在的安全隐患，检修团队立即启动了故障排查和检修程序。

2. 故障排查过程

（1）初步诊断。检修人员首先使用红外热像仪对避雷器进行温度检测，发现其局部温度明显高于正常值，同时泄漏电流表显示电流异常增大。初步判断避雷器内部可能存在损坏或老化现象。

（2）详细检查。为进一步确认故障，检修团队对避雷器进行了详细的外观检查和电气性能测试。他们发现避雷器的密封垫圈存在老化迹象，可能导致内部受潮，进而影响其绝缘性能。

（3）解体分析。在征得相关部门同意后，检修人员对避雷器进行了解体检查。通过解体，他们发现避雷器内部的电阻片存在部分损坏和受潮现象，这是导致泄漏电流增大和异常发热的主要原因。

3. 检修和更换过程

（1）制定方案。根据解体分析结果，检修团队制定了详细的检修方案，包括更换损坏的电阻片、更换老化的密封垫圈及进行必要的电气性能测试。

（2）精心施工。在检修过程中，检修人员严格遵守操作规程，确保每一步操作都精准无误。他们仔细清理避雷器内部，更换了所有损坏和老化的部件，并重新组装避雷器。

（3）严格测试。检修完成后，检修团队对避雷器进行了严格的电气性能测试，包括泄漏电流测试、绝缘电阻测试等，确保避雷器的性能恢复正常。

课后拓学

学习 CR200J 型动车组避雷器劣化的主要原因

参考文献

［1］中国国家铁路集团有限公司. 动力集中型动车组运用维修规则：铁机辆〔2023〕55号［S］，2023.

［2］洪从鲁，张洪河. 高速铁路动车组牵引传动系统维护与检修［M］. 成都：西南交通大学出版社，2019.

［3］晋永荣. 动力集中型动车组牵引传动与控制［M］. 北京：北京交通大学出版社，2024.

［4］中国中车集团. 时速160公里动力集中型动车组牵引电机使用维护说明书：CR200J-002080111［Z］，2019.

［5］中国中车集团. 时速160公里动力集中型动车组TBQ60-6752/25A型牵引变压器使用维护说明书：CR200J-008080211.01［Z］，2019.

［6］中国中车集团. 时速160公里动力集中型动车组TSG20受电弓使用维护说明书：CR200J-002120111［Z］，2019.

［7］中国中车集团. 时速160公里动力集中型动车组LMZ3-0.72高压电流互感器使用维护说明书：CR200J-002120211［Z］，2019.

［8］中国中车集团. 时速160公里动力集中型动车组LMZ4-0.72型接地电流互感器使用维护说明书：CR200J-002120511［Z］，2019.

［9］中国中车集团. 时速160公里动力集中型动车组网侧柜使用维护说明书：CR200J-002120611［Z］，2019.

［10］中国中车集团. 时速160公里动力集中型动车组高压接地开关使用维护说明书：CR200J-002120611.02［Z］，2019.

［11］中国中车集团. 时速160公里动力集中型动车组牵引风机使用维护说明书：CR200J-002080411［Z］，2020.

［12］中国中车集团. 时速160公里动力集中型动车组软风道使用维护说明书：CR200J-002080511［Z］，2019.

［13］中国中车集团. 时速160公里动力集中型动车组LQT-024冷却塔使用维护说明书：CR200J-002080611［Z］，2020.

［14］中国中车集团. 时速160公里动力集中型动车组LQT-024冷却塔使用维护说明书：CR200J-002080711［Z］，2020.

［15］中国中车集团. 时速160公里动力集中型动车组GSEFB 25F型高压电压互感器使用维护说明书：CR200J-002120611.03［Z］，2019.

［16］中国中车集团. 时速160公里动力集中型动车组避雷器使用维护说明书：CR200J-002120611.04［Z］，2019.

［17］中国中车集团. 时速160公里动力集中（鼓形）动车组真空断路器使用维护说

明书：CR200J（GX）-002120611.01［Z］，2021.
［18］中国中车集团. 时速 160 公里动力集中型动车组 L1D 牵引变压器使用维护说明书：CR200J-008080211.02［Z］，2019.
［19］中国中车集团. 时速 160 公里动力集中型动车组牵引变流器维护使用说明书：CR200J-002080311［Z］，2019.
［20］中国中车集团. 时速 160 公里动力集中型动车组避雷器使用维护说明书：CR200J-002120311.01［Z］，2019.
［21］中国中车集团. 时速 160 公里动力集中型动车组避雷器使用维护说明书：CR200J-002120311.02［Z］，2019.